社会工作国家一流专业建设丛书

残疾人社会工作

CANJIREN SHEHUI GONGZUO

杨　晶 ◎ 主编　　庄云霞　罗云南 ◎ 副主编

贵州大学出版社
Guizhou University Press
· 贵阳 ·

图书在版编目（CIP）数据

残疾人社会工作 / 杨晶主编 ; 庄云霞 罗云南副主编. 贵阳 : 贵州大学出版社, 2024. 8. -- ISBN 978-7-5691-0785-2

Ⅰ. D669.69

中国国家版本馆 CIP 数据核字第 2024HQ9064 号

残疾人社会工作

主　　编：杨　晶

副 主 编：庄云霞　罗云南

出 版 人：闵　军

责任编辑：赵广示　韦　霞

装帧设计：陈　艺　方国进

出版发行：贵州大学出版社有限责任公司

地址：贵阳市花溪区贵州大学东校区出版大楼

邮编：550025　电话：0851-88291180

印　　刷：贵阳精彩数字印刷有限公司

开　　本：787 毫米 ×1092 毫米　1/16

印　　张：10.75

字　　数：195 千字

版　　次：2024 年 8 月第 1 版

印　　次：2024 年 8 月第 1 次印刷

书　　号：ISBN 978-7-5691-0785-2

定　　价：30.00 元

总　序

到2023年，贵州大学社会工作专业已开设了30年，这是值得每一个亲历者和见证人纪念和庆祝的。即将由贵州大学出版社出版的社会工作国家一流专业建设丛书，包括《社会工作教学案例分析》《儿童社会工作》《残疾人社会工作》《家庭社会工作》《社会工作研究方法》《自我认识与沟通》共6本，主要由我校社会工作专业教师编撰。这一系列教材的陆续公开出版，也算是给社会工作专业进入“而立之年”的一份沉甸甸的献礼。

1993年，贵州大学在哲学系开始设置社会工作专科（学制2年），先后有3届共105名专科生毕业；1999年升为本科，已培养900名毕业生，目前在校学生160人。2009年，贵州大学成为全国首批社会工作硕士专业学位授权单位。截至2022年，已毕业的社会工作专业硕士有11届共405人，在校硕士生140余名。30年办学历程，我们拥有社会工作国家一流本科专业、“社会工作概论”国家一流课程、全国社会工作领军人才、教育部高等学校社会学类专业教学指导委员会委员、全国社会工作专业学位研究生教育指导委员会委员、中国社会学会副会长、中国社会工作教育协会副会长和贵州省普通本科高校“金师”等优势办学资源，形成了以下几个特色。

其一，教师队伍专业性突出且实操能力强。有多名教师在香港著名大学接受专业社会工作教育并拿到硕士、博士学位，90%以上教师具有社会学、心理学和人口学等学术背景；在教师队伍建设上采取“大学、政府、社会组织”三位一体方式实现综合能力的自我提升。通过邀请来自大学、政府和社会组织的专家，促进专业教师与用人单位的对话，促进教师批判性地理解理论，同时反思理论在实践中的应用，将专业性和实操性紧密地结合起来，教师教学能力明显增强。社会工作专业的杨晶老师2021年获首届全国高校教师教学创新大赛部属高校（含部省合建高校）副高组二等奖，贵州省省赛、贵州大学校赛一等奖，被评为贵州省普通本科高校“金师”。刘升老师2023年获第三届贵州省高校教师教学创新大赛新文科组三等奖。郑姝霞老师2023年获第三届贵州省高校教师教学创新大赛新文科组二等奖。胡晓老师2022年获贵州大学公共管理学院第九届中青年教师教学技能比赛暨贵州大学中青年教师教学技能比赛选拔赛二等奖。

其二，立足欠发达地区和民族地区，致力于“四能”型社会工作专业人才的培养。我校社会工作专业教育有重视实务训练的传统，倡导并采用“教学＋实践＋研究”三位一体的培养模式，鼓励学生在学习过程中参与研究和服务，强化学生对专业价值观、理论和方法的理解。一直以来，学生在社会工作服务各领域“能吃苦”，具有吃苦耐劳的精神，扎根社会工作服务一线，能够长期服务农村、服务民族地区；“能干事”，理论和技巧过硬，既能和老百姓、弱势人群打交道，提供切实有效的服务，又有从事社会发展战略规划、社会治理和项目管理，切实解决欠发达地区问题的能力，还能在实践中不断总结反思、通过实务研究推动专业发展；“能奉献”，勇于担责，不计较得失，高度认同并践行专业价值观，能及时回应并满足服务人群的需求，拥有社会工作专业情怀；“能留住”，“学社工、爱社工、做社工”，学以致用，愿意扎根在欠发达地区，推动西部地区社会工作的发展。彰显“四能”精神品格的社会工作专业人才，社会声誉好，受到用人单位的一致好评。

其三，主导社会工作地方行业规则制定和行业发展，大力推动社会工作产教融合。我校社会工作专业建立了20余个专业性、多领域、跨地区的多层次实践教学基地，形成了理论与实践深度互嵌的培养模式。师生扎根基层的多元实践基地，以产教融合来保障培养质量，立足于培养真诚而又专业的高层次社会工作人才，以应用型人才培养为宗旨，教学相长，真正服务社会。近10年来，我们获得区域政府部门和社会工作机构的一致好评。依托国家级、省部级和校级等示范实践基地，开展实践教学和实务研究，加强学生实践训练的同时推进教师实务研究；定期和行业专家开展研讨，把握行业发展动态和专业培养方向，参与制定相关行业标准；每年邀请一线资深社会工作者进课堂，开设实务前沿讲座，传授最新社会工作实务技术。在校学生在历届中国社会工作大学生论坛、案例大赛上多人多次获二等奖。专业、学科致力于以开阔的理论视野、扎实的经验研究和朴素的社会服务，为中国社会工作发展添砖加瓦，提升社会工作服务国家战略的能力。

当然，在推动社会工作专业教育和人才培养高质量发展进程中，我们要保持清醒的头脑，要想方设法突破制约我们发展的瓶颈。一是从近期来看，主要是人才培养质量还有提升空间。社会工作本科专业毕业生的升学率已经持续 3 年显著提高，达到了 45%，但从高质量就业来看，还有进一步提升的空间。二是课程体系建设还有改善空间。社会工作国家一流本科专业的培养方案虽然在持续修订，但在部分研究领域和新兴课题，如大社工理念、数字化转型、全球视野等方面，课程内容和教材尚显不足，实践教学与理论学习存在一定的脱节情况。三是标志性教学成果还有突破空间。科研成果是推动教学成果转化的重要资源，要进一步激励教师切实把科研成果转化为教学内容，不仅可以让科研成果更好地服务于教学，从而孵化具有特色的教学成果，也可以让学生更直接地接触到学科前沿的知识和技术。

总之，我们组织教师编写这一系列丛书，也是积极解决发展中存在的问题的具体行动，期望通过老师们对西部地区社会工作实务中的案例的详细讲解，进一步推动社会工作专业的在地实践，加快社会工作专业知识的转化，这对社会工作专业的本科生、研究生，社会工作机构及行业主管部门都大有裨益。

我作为社会工作高等教育的践行者，亲历了贵州大学社会工作教育 30 年的艰难发展历程，有很多感慨难以用言辞表达。但必须说的是，内心十分感激和我一起奋斗的同事们，还有给予我们帮助的社会各界有识之士。在这里要感谢贵州大学出版社闵军社长、郭晓林副社长和编辑高佩佩老师竭力促成该系列丛书的出版。社会工作国家一流专业建设丛书负责人杨晶教授为丛书的编写做了大量的组织工作，在此一并致谢。教材编写过程中难免存在不妥之处，敬请专家读者谅解和批评。

言不尽意，是为序。

2023 年夏于贵阳花溪

前言

一个社会对残疾现象的解释和对待残疾人的态度是其文明和进步的标志。2014 年以前，贵州大学社会工作专业仅在“社会工作概论”课程中简要介绍残疾人社会工作，后来发现这种蜻蜓点水式的概览性介绍不足以支撑学生在实践领域为残疾人提供高质量的专业服务，于是我们增设了“残疾人社会工作”这一专业选修课程。2024 年秋季，“残疾人社会工作”作为专业选修课程已经开设了 10 年。10 年间，从借用发达国家和地区的服务案例，到逐渐融入我国北上广地区的实务经验，再到 5 年前，开始把贵州省本土残疾人社会工作的实践经验整合到课堂教学中。课程实践部分的无障碍环境体验，从最初课堂上的角色扮演和情景剧，到现在学生亲自坐上轮椅或拄着盲杖穿梭在校园、社区的地下通道和车水马龙的街头……通过身体体验而不仅仅是认知理解，切实感受残疾人的日常生活，了解残疾人的出行困境和无障碍设施对残疾人融入社会的重要意义，这本身就是一种有力量的社会倡导。

长达 22 年的残疾人社会工作实践累积和 10 年的教学实践尝试，激发了我们尝试以教材作为载体，呼吁更多的人参与到残疾人事业的发展中来的想法。2008 年，我参与了“农家书屋”工程，撰写了农民朋友看得懂、用得上，通俗、易懂、可操作的《农村残疾人扶助与康复》一书，希望基层工作人员及农村残疾人和他们的家庭能够了解相关的知识和社会政策，打通农村残疾人社会工作的“最后一米”。时隔 16 年，我们再次尝试将残疾人社会工作的理论和过去的本土实践进行整合，希望有更多的专业人士投身残疾人社会工作。本书以残疾人社会工作的价值观和伦理为内核，专业理论为载体，不同类型残疾人及其家庭的服务为实践场域。我们始终认为服务技巧是价值观的外化和理论的践行，而不是简单的、可通过反复实践习得的技能。“有术无道止于术”，如果仅仅将知识作为服务的工具包，社会工作者就无法真正与残疾人感同身受。面对不同境遇下差异化的服务对象，社会工作者应秉持个别化的原则，看到服务对象的特殊需求。

教材作为对一个具体服务领域的介绍载体，需要考虑知识的相对完整性，但这并不意味着实践领域社会工作者秉持拿来主义、生搬硬套。一个好的残疾人社会工作者从价值观到理论再到服务技巧，都应有内在自洽的范式选择。从对残疾现象的理解、理论的选择和实践路径，都要流淌着专业社会工作者对残疾人的真诚、尊重与关怀。本教材第一章介绍了残疾人社会工作的基础知识。“社会工作”课程已经系统介绍了社会工作专业的价值观、理论和服务手法，因此，我们希望学生在第一章能够把已经掌握的专业知识迁移和转化到残疾人社会工作领域。第二章残疾人社会工作价值观与伦理是整本教材的基石，这一章作为知识点理解和记忆并不困难，难在“内化于心，外化于行”，需要学生在社会工作实践中经过不断自我对话和反思来理解本章的内容。尤其是伦理两难部分，更是需要结合专业知识、实务经验和实践智慧来解决服务中进退维谷的窘境。第三章残疾人社会工作理论与模式，由于篇幅有限，仅选择了社会工作实践中常用的理论和模式。我们期望学生在大卫•豪社会工作理论范式划分的基础上阅读本章内容，在残疾人社会工作服务中能够清晰辨识自己的范式立场和服务对象的处境，只有有一个稳定、自洽和一以贯之的范式立场，才能在服务中真正做到服务对象利益最大化。第四章残疾人及其家庭的处境及社会工作服务，将从家庭系统和家庭生命周期的视角来检视残疾人的成长历程和他们的服务需要。家庭是残疾人康复最微观的环境，家庭成员对残疾的理解和对待残疾家庭成员的态度直接影响了残疾人的自我认同和社会融入。通过第五章对不同类型残疾人的处境及社会工作服务重点的介绍，打破“残疾人是一个同质性群体”的误解，让学生了解不同类型残疾人的残疾体验和服务需求的差异化，社会工作服务的重点也应有所不同。第六章残疾人社会政策和第七章残疾人组织是一线社会工作者需要掌握的重要服务资源和服务方法。我国残疾人社会工作研究起步晚，与国际残障研究仍有一定距离。第八章残疾人社会工作研究期望社会工作者能具备立足本土、对话国际的能力。一方面，能应用国际前沿的残障研究成果检视本土社会工作实践；另一方面，在残疾人社会工作服务中提升实践研究意识，能够通过实践研究讲好中国残疾人社会工作的故事。

一位残疾人士曾说：“我们每个人都有残疾，只是我的残疾，比较明显一点。”如果我们把残疾理解为人在不同阶段可能会遭遇的某种限制，它可能是显性的，也可能是隐性的，可能是暂时的，也可能是永久的，那么每个人都会因自身在任何时刻都有陷入残障处境的可能性，更能同理残疾人的境遇，伸出友善的援手。这不仅仅是助人，也是在助己。至今，我脑海里仍镌刻着 2021 年在贵州省黔西南布依族苗族自治州阿妹戚托易地搬迁社区入户探访时，一线社会工作者小心翼翼地为轮椅上的残疾男孩修剪指甲的情形。本教材想要呈现的林林总总的专业知识，无外乎化为社会工作者和服务对象之间看似微不足道的互动中流淌出的情感关怀。

2024 年是贵州大学社会工作专业创办的第 30 个年头，感谢全系老师在国家一流专业建设中齐头并进、以身示范，共同践行贵州大学社会工作专业的精神。感谢庄勇教授早在 1993 年就高瞻远瞩地创办了社会工作专业，才有了今天专业的“三十而立”。感谢贵州大学出版社的闵军社长、郭晓林副社长的支持，高佩佩编辑在社会工作国家级一流专业建设丛书出版过程中不厌其烦地沟通与协调，以及韦霞编辑一丝不苟地校对书稿。感谢田昆博士协助查找、核对文献以及校稿。感谢硕士研究生杨九英、方银银、杨长锋、蒋欣悦、令狐秋霜、胡倩、雷惠、张凤瑶、龙玲、唐娅秋、敖雪、喻单在本书编撰过程中的付出和贡献。本书存在的不足及不完善之处，恳请读者和专家们批评指正。

杨晶

2024 秋于贵阳花溪

目　　录

第一章　残疾人社会工作概述

学习活动

你是否有过和残疾人接触的经历？提到“残疾”，你脑海里会想到什么？请写下你想到的三个词，或是脑海里出现的画面。

第一节　残疾及其相关概念

目前有 10 多亿人（约占全球人口的 15%）患有残疾。残疾是人类发展历史中任何社会和文化都不可避免的一种现象，几乎每个人都可能在生命的某个时点经历某种形式的暂时或长期的残疾。当然，不是每个人都必然经历残疾，但是我们每个人都有致残的潜在风险。残疾的定义受到不同社会、文化、经济、社会福利等诸多因素的影响，因此要对残疾的定义有一个共识非常困难。本节主要回顾国际和本土关于残疾的定义，并梳理与残疾相关的几个重要概念。

一、世界卫生组织的残疾定义

（一）《国际残损、残疾和残障分类》（ICIDH）对残疾的定义

随着社会的发展和时间的推移，世界卫生组织（World Health Organization, WHO）对残疾的定义也在不断更迭变化。本节介绍世界卫生组织1980年修订的关于残损、残疾和残障的国际划分标准，主要基于两方面的考虑：其一，与世界卫生组织之前的模式使用“疾病”这一词汇描述残疾现象相比较，1980年的定义充分意识到医学模式对残疾的定义仅包括了疾病本身，没有把疾病造成的影响纳入其中，新的定义更具体和形象地解释了疾病和残疾之间的关系；其二，1980年模式中关于残损、残疾和残障的界定涵盖了临床医学、社会福利、普通大众和学界等不同领域和主体对残疾现象的理解。

残损（impairment）是由心理、生理或身体结构与功能的问题或异常引起的状况。例如，肢体残损、视力残损、听力言语残损等。残疾（disability）是因为残损导致的能力丧失或活动受限，使残障人士无法像健全人一样生活和参与社会活动。例如，听力残疾人士因听觉残损而失去听觉能力。残障（handicap）是指因残损或残疾而导致的不利处境，这一不利处境进一步限制了个人履行与其年龄、性别、社会文化等密切相关的社会角色职责，以及实现相应社会角色目标的能力。

世界卫生组织对残损、残疾和残障三个概念之间的关系梳理如图1-1所示，疾病或异常导致了残损，残损可导致残疾或直接导致残障，残疾也进一步造成了残障。以唐氏综合征（down syndrome）患儿为例，21号染色体异常（疾病或异常）使患者出现特殊面容、形体缺陷、智力发展迟滞等状况（残损），进而导致唐氏综合征的患儿无法像其他普通儿童一样入读普通学校（残疾），这最终可能影响他们在婚姻、就业等方面的选择（残障）。

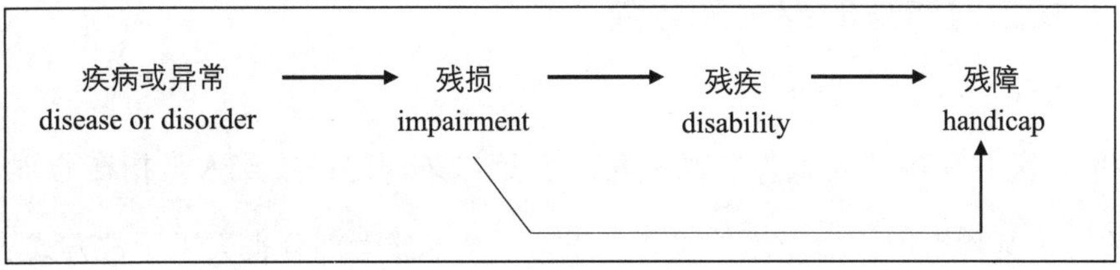

图 1-1 残损、残疾和残障之间的关系（WHO，1980）

（二）残疾的最新定义

目前，世界卫生组织对残疾的最新定义为：疾病（脑瘫、唐氏综合征和抑郁症等）患者受到个人因素和环境因素（如消极态度、不方便残疾人使用的交通工具和公共建筑以及有限的社会支持）影响而产生的不便状态。环境因素对残疾人的经历及其残疾程度具有巨大影响。不便的环境造成障碍，往往会影响残疾人与其他人一样平等、充分和有效地参与社会生活。

这一定义充分体现了社会工作“人在情境中”的理念。残疾人社会工作可以通过消除这些障碍和为残疾人的日常生活提供便利，促进残疾人参与社会生活。

（三）残疾的影响

世界卫生组织认为残疾会造成至少如下四个方面的影响：

（1）与无残疾者相比，残疾人的健康状况较差，获得教育和工作的机会较少，生活贫困的可能性较大。

（2）残疾人往往得不到所需要的卫生保健服务。有数据表明，半数残疾人负担不起卫生保健费用。为残疾人提供医疗服务的卫生人员技能不足的可能性是其他人员的两倍多。

（3）残疾与弱势相关，但并非所有残疾人都处于同等不利地位。这在很大程度上取决于残疾人的生活环境以及他们是否能够平等获得保健、教育和就业机会等。

（4）尽管许多国家在为残疾人提供便利方面取得了巨大进展，但仍需要为满足他们的需求开展更多工作。目前，很少有国家拥有能够充分应对残疾人健康重点问题和充分满足其需求的适当机制。

二、我国对残疾的界定和分类

《中华人民共和国残疾人保障法》第一章第二条规定：残疾人是指在心理、生理、人体结构上，某种组织、功能丧失或者不正常，全部或者部分丧失以正常方式从事某种活动能力的人。

我国将残疾主要分为七类，包括视力残疾、听力残疾、言语残疾、肢体残疾、智力残疾、精神残疾、多重残疾。1987 年我国第一次全国残疾人抽样调查时，听力语言残疾作为一个残疾类别。我们在日常生活中听到的“十聋九哑”和过去落后的康复水平有关。随着医疗水平和康复服务的发展，听力残损并非必然导致语言残损，因此在 2006 年第二次全国残疾人抽样调查中对听力和言语两类残疾做了区分。

三、我国残疾人的基本情况

我国第二次全国残疾人抽样调查数据显示，2006 年 4 月 1 日我国残疾人占全国总人口的比例为 6.34%。各类残疾人的人数及其占残疾人总人数的比重分别是：视力残疾 1233 万人，占 14.86%；听力残疾 2004 万人，占 24.16%；言语残疾 127 万人，占 1.53%；肢体残疾 2412 万人，占 29.07%；智力残疾 554 万人，占 6.68%；精神残疾 614 万人，占 7.40%；多重残疾 1352 万人，占 16.30%。①

从性别、婚姻状况和城乡分布来看，我国残疾人口的性别构成为男性 4277 万人，占 51.55%；女性 4019 万人，占 48.45%。残疾人的性别比（以女性为 100，男性对女性的比例）为 106.42。我国 15 岁及以上残疾人口中，未婚人口 982 万人，占 12.42%；结婚有配偶的人口 4811 万人，占 60.82%；离婚及丧偶人口 2116 万人，占 26.76%。从城乡分布来看，城镇残疾人口 2071 万人，占 24.96%；农村残疾人口 6225 万人，占 75.04%。

不同年龄段残疾人接受教育的情况如下：

---

① 数据来源：《2006 年第二次全国残疾人抽样调查主要数据公报》。

在全国残疾人口中，具有大学文化程度（指大专及以上）的残疾人为94万人，高中文化程度（含中专）的残疾人为406万人，初中文化程度的残疾人为1248万人，小学文化程度的残疾人为2642万人。（以上各种受教育程度的人包括各类学校的毕业生、肄业生和在校生）15岁及以上残疾人文盲人口（不识字或识字很少的人）为3591万人，文盲率为43.29%。残疾儿童受教育状况：6—14岁学龄残疾儿童为246万人，占全部残疾人口的2.96%。其中，视力残疾儿童13万人，听力残疾儿童11万人，言语残疾儿童17万人，肢体残疾儿童48万人，智力残疾儿童76万人，精神残疾儿童6万人，多重残疾儿童75万人。学龄残疾儿童中，63.19%正在普通教育或特殊教育学校接受义务教育，各类别残疾儿童的相应比例为：视力残疾儿童79.07%，听力残疾儿童85.05%，言语残疾儿童76.92%，肢体残疾儿童80.36%，智力残疾儿童64.86%，精神残疾儿童69.42%，多重残疾儿童40.99%。

从残疾人及其家庭的收入以及康复医疗情况来看，全国有残疾人的家庭户2005年人均全部收入，城镇为4864元，农村为2260元。12.95%的农村残疾人家庭户年人均全部收入低于683元，7.96%的农村残疾人家庭户年人均全部收入在684元至944元之间。残疾人曾接受的扶助、服务的前四项及比例分别为：曾接受过医疗服务与救助的有35.61%，曾接受过救助或扶持的有12.53%，曾接受过康复训练与服务的有8.45%，曾接受过辅助器具的配备与服务的有7.31%。残疾人需求的前四项及比例分别为：有医疗服务与救助需求的有72.78%，有救助或扶持需求的有67.78%，有辅助器具需求的有38.56%，有康复训练与服务需求的有27.69%。

就业以及社会救助方面，全国城镇残疾人口中，在业的残疾人为297万人，不在业的残疾人为470万人。城镇残疾人口中，有275万人享受到当地居民最低生活保障，占城镇残疾人口总数的13.28%。9.75%的城镇残疾人领取过定期或不定期的救济。农村残疾人口中，有319万人享受到当地居民最低生活保障，占农村残疾人口总数的5.12%。11.68%的农村残疾人领取过定期或不定期的救济。在2006年第二次全国残疾人抽样调查的残疾人所在社区（村）中，68.13%的社区距离最近的法律服务所（司法所）在5公里以内，21.86%的社区距离最近的特殊教育学校（班）在5公里以内，47.35%的社区建有文化活动站（室），71.95%的社区设有卫生室（所、站）。①

第二节 康复服务

康复服务是全民健康需要覆盖的内容，目前全球估计有24亿人患有可以通过康复服务获得改善的健康问题。由于人口和健康特征的变化，预计今后几年康复服务需求还会增加。例如，人们的寿命越来越长，慢性病和残疾却越来越多。生活中的紧急情况，包括冲突、灾害和疾病暴发等，都可能造成康复服务需求的激增。目前，在全球范围内，许多人都承受着新型冠状病毒（2019-nCoV）感染的中长期后果，可能需要康复服务来帮助他们从疾病中恢复。本节重点介绍康复服务的定义、功能、价值理念、原则及分类。

一、康复服务的定义及其功能

（一）康复服务的定义

世界卫生组织对康复服务的定义是“一套旨在优化有健康问题者的身体功能和减轻其残疾，改善其与环境的互动的干预措施”。简而言之，康复服务有助于儿童、成人或老人在日常活动中尽可能自立，能够参与教育、工作和娱乐活动，并在生活中发挥有益的作用，如照顾家人。康复服务的策略有：与患者及其家人合作应对基础健康问题及其症状；改变周围环境以更好地满足需求；使用辅助器具，进行训练以加强自我管理；调整任务以便能以更安全和独立的方式加以执行；等等。这些策略可帮助个人克服在思考、视力、听觉、沟通、饮食和走动方面的困难。

任何人都可能在生命中某一时刻需要康复服务，如在受伤、手术、生病之后，或

① 数据来源：《2006年第二次全国残疾人抽样调查主要数据公报（第二号）》。

者因为身体机能随着年龄增长而衰退。传统的康复观点注重追求病征的消除和恢复到患病前的状态，但康复者及其家人仍然会受到疾病的影响，难以改变“患上致残性疾病就是没有希望”的观念。（社会服务发展研究中心，2018：60）事实上，许多残疾人很难完全恢复到致残以前的健康状况，如果秉持康复就是回到患病前的“正常”[①]状态的观念，不仅会让残疾人及其家人在康复过程中因康复效果不显著等情况而受挫，更会进一步强化社会大众对“正常”和“不正常”的二元划分，进而导致对残疾人的标签化与排斥。因此，康复领域提出了“复原”（recovery）的概念，我国学者也将其翻译为“复元”，“元”有“一元复始，万象更新”的意思。因此，“复元”不仅强调残疾人是否回到之前的健康状况（复原），更强调“元气”的概念，即康复过程中残疾人个人成长和生命力的再现。（社会服务发展研究中心，2018：61）复原的概念更强调残疾人在康复过程中的自我认识和成长，对残疾和生命意义的重构，进而建立积极正面的自我形象，把残疾身份（disability identity）视为个人生命中多重身份的一部分而非全部。

（二）康复服务的功能

康复服务对残疾人个人、家庭以及社会都有正向功能。从长远的经济角度来看，康复服务的功能主要包括以下四个方面：第一，康复服务可以发展残疾人的潜能，使他们成为具有某种生产力的人，扩大社会的人力资源。例如，广州慧灵智障人士服务机构为孤独症青年开设的庇护性就业面包工作坊，从优势视角将孤独症青年喜欢重复动作的病征转化为就业中的优势，孤独症青年打包面包时不易因重复而感到倦怠。第二，康复服务可以为残疾人提供照顾，减轻残疾人家庭的时间压力，让残疾人的家庭成员可以继续投入工作。也就是说，康复服务可以保障社会固有的人力资源。此外，也可避免因某些家庭成员长期照顾残疾人无法喘息，而导致家庭矛盾和冲突。第三，康复服务可以减轻残疾人对长期机构照顾等服务的依赖，从而减少此类社会服务项目的开支。第四，有效的康复服务可以协助身体有残疾的人重新投入社会和工作，让他们不仅能够自力更生，

① 有关正常化理论，见本书第三章。

更能成为一个对社会有价值和有贡献的公民。事实上，残疾人就业的意义不仅在于其能够创造经济价值，更在于通过就业，他们可以提升自我价值感并提高社会参与度。（陈惠英、李楚翘、杨晶，2011）

二、康复服务的价值理念与原则

《中华人民共和国残疾人保障法》第一条强调要“保障残疾人平等地充分参与社会生活，共享社会物质文化成果”，其中蕴涵的康复工作的价值理念就是“平等”“参与”“共享”。除了上述法律规定的基本价值理念和原则之外，本节增加了另外五项与社会工作价值观高度契合的康复服务价值理念与原则。

（一）尊重他人的价值

每个人都需要被尊重和鼓励。无论残疾类型和程度如何，都不会改变残疾人的基本权利。每个人都值得拥有高质量的生活。协调专业与专业之间、机构与机构之间的合作是康复服务的重要环节。全面的康复服务将残疾人作为一个完整的人来看待，康复服务需要整合资源回应残疾人的多元需求，而不是人为地把康复服务切割成精细化的不同板块。

（二）人在情境中

环境条件直接影响残疾人的残障程度。身体残障是可以通过减少外在环境的障碍得到改善的。同样，社交残障也可以随着社会大众对残疾人的接纳而减少或消除。再者，如果残疾人能够平等地获得受教育的机会，一定程度上就能够减少其就业障碍。残疾人的适应问题与一些社会及客观环境条件引发的现实问题有关，社会及客观环境是导致残疾人情绪问题或难以自我接纳的主要因素，解铃还须系铃人，转变周围人（包括家人、朋友、邻里及社会人士）的态度，为残疾人提供正向支持和参与机会，能够促进残疾人的社会适应及自我接纳。

（三）接纳康复服务

接纳康复服务需要与残疾人对残疾的接纳同步。社会工作者需要理解残疾人的负面感受，包括个人的孤独感、自卑感、内疚感及情绪反复等。尽管康复服务的工作人员期望残疾人能完全接纳自己的残疾，但在现实中要达到这种状态是较困难的。因此，社会工作者需要和残疾人同步，理解残疾人在康复的不同阶段中的反应、感受，接受他们反反复复的情绪跌宕，陪伴他们经历康复的全过程。

（四）个别化

每个人都是独特的个体，每种残疾情况也是独一无二的。因此，康复计划应量身定做，遵循社会工作的个别化原则。社会工作者应避免把残疾人作为同质性群体（homogeneous group），进而把同一种工作模式和类似康复服务的经验复制到服务对象身上。社会工作者在康复服务中应充分考虑残疾人的内部差异，包括年龄、性别、致残原因、残疾类型、康复阶段等因素。在提供康复服务时，社会工作者需要谨慎使用某些社会标准。这些标准通常以一些社会常态作为基础，它们只代表大部分人的表现，忽略了个别差异的存在。

（五）自助与互助

残疾人自助 / 互助组织是康复服务中重要的元素。大部分残疾人在自助 / 互助组织中会面对一些性质相似的问题，因此彼此间更容易感同身受。此外，残疾组员之间分享彼此的康复经验，能在情感、精神和社会诸多层面为彼此提供支持，加速残疾人对残疾身份的接纳。

三、康复服务的分类

（一）家庭康复

家庭康复模式是指残疾人在自己家里生活，由家属、监护人或亲友负责，给予一定的康复服务和照料。家庭康复有两种方式：第一种是传统的家庭照料，主要是指依靠家庭成员照顾残疾人；第二种是现阶段为孤残儿童提供照顾的家庭照料模式，包括家庭收养和家庭寄养。（马洪路、中国社会工作教育协会，2007）事实上，大部分残疾人更愿意在自己熟悉的家庭环境中进行康复治疗，目前的康复服务也通过居家无障碍环境改造等多种方式尽可能协助残疾人在家享有康复服务。不过，女性主义者也指出，由于大部分的照顾者是女性，残疾人如果选择家庭康复的方式，会增加女性照顾者的负担且限制她们的自我发展。同时，残疾研究领域也有学者关注到家庭中的“未成年照顾者”，残疾人的子女承担了全部或部分照顾在家中康复的父母的责任，这剥夺了他们的休闲、娱乐时间。上述这些问题也提醒社会工作者在康复服务中要从系统的视角去评估残疾人的康复需要，全面考量残疾人康复过程中不同的利益相关方，避免因对照顾者的过度剥夺导致照顾者精力耗竭以及家庭关系破裂等风险。

（二）单位制康复

单位制康复模式是我国特有的一种康复模式。不过，随着社会发展和经济体制的改革，这种模式正在发生根本性变化，或是逐渐消亡，或是增加了新内容，或是在慢慢转型。在传统计划经济体制下，许多大中型国有企业和部分机关团体、事业单位，在出现工伤或因公致残的人员时，基本采取单位“包养”的政策，单位主要解决其生活问题，也提供一定的康复服务。机关团体、事业单位对于因公致残的情况，一般由人事部门负责安排到医疗机构疗养，或办理停职和退休手续。单位制康复为残疾人员提供了经济保障并承担了生活照料责任，但其康复服务并非现代意义上的全面康复。

（三）机构康复

机构康复，顾名思义就是在机构环境中进行康复，其特点是能够相对集中资源，为残疾人提供及时、专业且有针对性的服务。机构康复的优点包括：①能减轻残疾人家庭的照顾负担；②避免因家庭成员长期照顾残疾成员而产生倦怠等情况，进而引发家庭矛盾；③机构提供的饮食、清洁等配套服务，能减少残疾人生活的不便；④在机构中的残疾人可以避免在家独处，这有助于增进其社会交往；⑤机构可以提供健康护理等专业化的服务。不过，20 世纪 70 年代，西方国家掀起了一股去机构化（deinstitutionalization）的浪潮。支持者认为，虽然机构照顾能为残疾人提供专业、便捷的康复服务，但其弊端也显而易见。机构康复的弊端主要有：①机构照顾的理念和残疾的疾病视角密不可分。残疾人和社会其他弱势人群，包括老年人、困境儿童等，均被视为社会的弱者，长期的机构照顾会强化社会对弱势人群的标签化。②长期的机构照顾会带来一些后遗症，如残疾人自我照顾能力被削弱、对专业人士的依赖性增强，以及与家庭和社区的接触机会减少等。③由于机构照顾的服务标准和管理规范的要求，难以满足残疾人的个别化需求。机构的标准一般都是按照大多数服务使用者的需要和专业标准去制定，导致机构康复难以回应服务对象的个别需要。④机构的管理制度和社会工作“以人为本”的服务理念之间存在一定的张力，如偏好早起或晚睡的残疾人在机构不得不考虑机构作息管理制度和其他室友的需求而改变自己的睡眠习惯。（社会服务发展研究中心，2018：51—52）

（四）社区康复

社区康复（community-based rehabilitation, CBR）是世界卫生组织提出的旨在提升残疾人生活质量的一种康复策略，通过提高服务输送水平为残疾人提供更平等的机会和保障其基本权利。社区康复是在社区层面依托社区资源采取康复措施。家庭是社区康复最重要的资源。社区康复的哲学理念包含了权利平等、群体凝聚力、社区融入与整合。社区康复的优点在于残疾人能够有尊严地在自己熟悉的社区生活，同时有助于营造关怀每一个弱势社区成员的社区氛围。不过，从目前发展中国家的社区康复实践来看，该模

式仍面临社区参与、康复技术、人力资源以及可持续性等方面的挑战。（Leavitt，1999）

第三节　残疾人社会工作的发展历史及内涵

一、残疾人社会工作的发展历史

（一）西方残疾人社会工作的发展历史

西方残疾人社会工作受宗教的影响颇深，《旧约》对残疾人秉持了相互矛盾的两种态度：一方面基于慈善的义务需要帮助残疾人；而另一方面，残疾又被视为上帝的惩罚。早期希腊人认为，身体和灵魂是一体的，当身体受到损害时，灵魂也会受损。这种观点造成了对残疾人的负面看法。斯巴达时期对残疾人也较为极端，年幼、衰弱以及身体受损的人都要被遗弃。到了罗马时期，残疾人因不具备生产力而被处死。古希腊时期和罗马帝国时期认为，精神疾病主要是鬼魔进入身体所致，因此主要的治疗方法就是驱魔。（Zastrow，1998）不过，古雅典时期会为在战争中受伤的士兵提供补助金。中世纪对残疾的理解存在分歧。一种观点认为智力残疾、精神残疾以及癫痫病等均被视为超自然的力量或鬼神所致。治疗的方式自然也是基于宗教力量和驱魔，这也反映了中世纪人们对宗教和超自然力量的信仰。不过除了鬼神学的解释，也有证据表明中世纪对残疾人（尤其是精神残疾者）持有不同的态度。迈克尔·H.K. 克罗尔（Michael H.K. Kroll）发现中世纪的医学文本中缺乏鬼神学对残疾的解释，只是零星记载了引发精神残疾的自然原因和城镇（town）对残疾人的照顾责任。此外，这一时期残疾与贫穷息息相关，营养不良和传染性疾病普遍存在，进一步提高了残疾的发生率。（Albrecht，Seelman，and Bury，2001）

文艺复兴时期，尊重人权的宗教教义认为，残疾人应该得到社会的特殊关怀。（余艳萍、秦琴，2021）工业革命时期，人们开始关注残疾人的保障，残疾人社会工作逐渐兴起。1780年，瑞士人弗朗次·奥比（Franz Orbe）创立了第一家为残疾人服务的机构。1820年，第一个残疾人之家在德国慕尼黑成立。之后，欧美各地陆续建立了招收残疾儿童的学校。这些都可以视为世界范围内最早的残疾人社会工作。1922年，第一个为残疾人服务的国际组织“康复国际”（Rehabilitation International,RI）成立，对推动各国政府开展残疾人康复工作发挥了重要的作用。第二次世界大战以后，残疾人社会工作得到较快发展。1948年公布的《世界人权宣言》规定：“人人有权享受为维持他本人和家属的健康和福利所需的生活水准，包括食物、衣着、住房、医疗和必要的社会服务；在遭到失业、疾病、残废、守寡、衰老或在其他不能控制的情况下丧失谋生能力时，有权享受保障。”这一规定指明残疾人在丧失谋生能力时具有接受社会保障的权利。各国纷纷立法保障残疾人的权益。20世纪60年代以后，残疾人社会工作开始走向专业化，其标志性事件是联合国公布的一系列纲领性文件，包括1971年的《智力迟钝者权利宣言》和1975年的《残废者权利宣言》等。20世纪80年代，残疾人社会工作进入一个新的时期。1981年残疾人的世界组织——残疾人国际（Disabled Peoples' International,DPI）成立，并得到联合国的承认与支持，其宗旨是呼吁各国政府采取切实措施，动员、帮助残疾人以平等的权利和机会参与社会生活。

整体而言，世界范围内残疾人社会工作的发展大致经历了以下阶段：文艺复兴之前对残疾现象的负面理解和对残疾人的社会排斥阶段；文艺复兴时期把残疾人应得到的特殊关怀视为尊重人权的表现阶段；工业革命之后开始关心残疾人的保障问题，成为残疾人社会工作的初创时期；20世纪初期以来，“保障残疾人生活，帮助他们回归社会”的理念被社会接受，成为残疾人社会工作的发展时期；第二次世界大战以后，国际社会和各国政府纷纷通过立法保护残疾人利益，可称为残疾人社会工作的立法时期；20世纪80年代以后，“平等”“参与”成为残疾人社会工作的新理念，残疾人社会工作进入新的发展时期；21世纪以来，残疾人社会工作进入以人权为核心的发展时期。（王思斌，2014）

（二）我国残疾人社会工作的发展历史

1. 古代社会针对残疾人的救助

中国是具有悠久历史的文明古国，我国传统文化始终存在乐善好施、扶贫济弱的美德。我国很早就有残疾人和如何对待残疾人的相关记载。《左传·宣公二年》载有“残民”，指的就是残疾人。对残疾人的优抚政策也早见于史书中。西周时期就已经提出了“慈幼、养老、振穷、恤贫、宽疾、安富”这一后来被称为“保息六政”的社会福利政策。齐相管仲在京都造屋收容聋、哑、跛足等残疾人。南北朝时期设有专坊收容老而残疾者。

儒家倡导的“仁政”和古代许多思想家提倡的“兼爱”“博爱”，以及“饥者得食，寒者得衣”的观念，都蕴含了社会福利思想的基本要素，也意味着社会对残疾人的特殊关怀和照顾。我们祖先所憧憬的大同世界，就主张“老有所终，壮有所用，幼有所长，鳏寡孤独废疾者皆有所养”（《礼记·礼运》）。上述主张体现了中华民族的传统美德，是新残疾人观形成的一个重要来源。

2. 近代残疾人社会工作的产生和发展

我国早期的残疾人社会工作主要是在教育和医疗卫生服务领域开展。1874 年在北京开办的启明瞽目院是我国第一所盲童学校；1887 年，美国传教士在山东登州（今蓬莱区）创办了登州启喑学馆，1899 年迁到烟台办学，这是中国最早的聋哑学校；1916 年，著名的民族资本家张謇先生在江苏南通创办了私立聋哑学校。这些早期残疾人教育带有慈善救济性质，在特殊教育领域虽然没有社会工作服务，但是也蕴含了社会工作的思想。1921 年，在美国医务社会工作专家浦爱德（Ida Pruitt）的领导下，北京协和医院创立了社会服务部，把美国早期的社会工作思想引入中国，中国开始有了社会工作。1930 年，济南鲁大医学院附设医院设立了社会服务部。1931 年南京鼓楼医院、上海红十字医院、上海仁济医院、重庆仁济医院先后成立了社会服务部，开展医务社会工作服务。1932 年，南京中央医院设立了社会服务部，且派员到私立北平协和医院实习。实际上，中国残疾人社会工作在民国时期已经在多个领域开展，但并不是专业意义上的社会工作，而是采取行政性救助和服务性扶助的方式，是具有中国文化背景和生活方式的社会工作。（马洪路、中国社会工作教育协会，2007）

3. 现代残疾人社会工作的发展

中华人民共和国成立后，我国残疾人社会工作的发展主要经历了四个阶段。第一阶段（1949—1965 年）是起步阶段，这一阶段的主要工作包括保障残疾人的民主权利，开展社会救济和就业工作，发展残疾人文化、教育、体育，开展残疾预防工作以及建立残疾人组织。第二阶段（1966—1976 年）是严重受挫阶段，这一时期是中华人民共和国成立后的一个特殊历史时期，“文化大革命”导致残疾人事业陷于停滞状态。第三阶段（1977—2007 年）是基础建设阶段，这一阶段的工作主要包括恢复和建立全国残疾人组织、建立残疾人事业法律法规政策体系、实施发展残疾人事业的国家计划、开展残疾人社会工作和社会学理论研究、开展残疾人社会工作的职业化、党和国家领导人阐明现代文明社会的残疾人观，以及开展国际交流与合作。第四阶段（2008 年至今）是加快发展阶段，这一阶段主要是在康复、教育、就业、扶贫、文化生活、无障碍环境、残疾预防等多个领域全面改善残疾人社会参与的情况。

二、残疾人社会工作的内涵

（一）残疾人社会工作的定义

我国学界对残疾人社会工作主要有两个定义。第一个是王思斌主编的教材《社会工作概论（第三版）》中的定义：它不同于一般的残疾人服务，是社会工作者运用社会工作方法帮助残疾人补偿自身缺陷、克服环境障碍，使他们平等地参与社会生活、分享社会发展成果的专业活动。残疾人社会工作与其他领域的社会工作相比，有其特殊性。这种特殊性首先是由服务对象的特殊性所决定的。残疾人不同于老人、儿童等弱势群体，他们一般是因生物器官（组织）的缺陷、残损而难以像健全人那样生活，更不用说公平地参与竞争了。因此，残疾人往往是多种弱势的“叠加”。其次是由服务对象需求的多样性所决定的。残疾人的年龄跨度大、残疾类别多、残疾程度不同，其需求也呈现出多元化和差异化的特点。最后是由服务过程的艰巨性所决定的。大多数社会工作者没有与残疾人相似的生活经验和经历，难以感同身受，容易在服务过程中产生沟通障碍。（王思斌，2014：236）

第二个是马洪路主编的教材《残障社会工作》中的定义：残疾人社会工作[①]是针对残疾人和其他身心障碍者开展的社会工作。它不同于一般的残疾人服务，而是社会工作者运用社会工作方法帮助残疾人弥补自身缺陷，克服各种环境障碍，重新回归社会生活的专业活动。这种专业化的实务性工作和其他社会工作一样，都必须遵循社会工作的专业理念、原则和方法，包括使用个案工作法、小组工作法、社区工作法等社会工作方法，其目的是帮助残疾人提高社会地位和生活质量，获得社会保障，在平等地参与社会生活的基础上，与健全人一样共享人类社会创造的一切物质文明和精神文明成果。（马洪路、中国社会工作教育协会，2007：8）

以上两个定义均强调了残疾人社会工作的两个特点：其一，特殊性。因服务对象是残疾人，社会工作服务与其他社会工作实务领域相比较具有特殊性。此种特殊性决定了该领域的社会工作者不仅需要具备跨学科知识储备（包括医疗、康复、心理学等知识），还面临着难以与服务对象建立关系（较难感同身受）等挑战。其二，专业性。服务对象的特殊性决定了社会工作者提供的服务和其他服务不同，社会工作者需要在服务中践行社会工作价值观和伦理，运用社会工作专业理论和方法，实现残疾人平等参与和共享社会生活的目标。

（二）残疾人社会工作的内容

残疾人社会工作围绕着残疾人及其家庭的需求开展服务，一方面致力于改变残疾人及其家庭的处境，提高其生活质量；另一方面不断改善环境，以最大程度支持残疾人的社会融入和社会参与。以尤里·布朗芬布伦纳（Urie Bronfenbrenner）的生态系统理论为分析框架，残疾人社会工作包括了微观、中观、外观和宏观四个层面的内容，如图 1-2 所示。

---

① 《残障社会工作》一书中使用的是“残障社会工作”，本书以世界卫生组织对残损、残疾和残障的国际分类为基础，同时为保证本书的范式一致，引用时修改为“残疾人社会工作”。

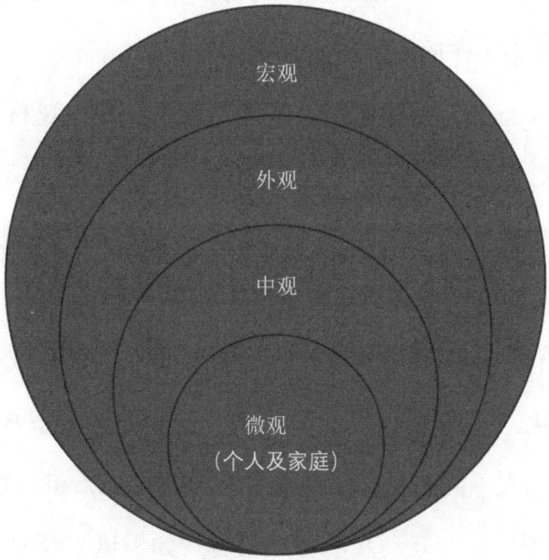

图 1-2　生态系统理论视野下残疾人社会工作的内容

微观系统（microsystem）是指参与者能够进行面对面互动或者直接交流的系统。微观层面的残疾人社会工作主要是针对残疾人及其家庭的专业服务。从社会工作的专业手法来看，微观层面较多采用个案工作法，主要在康复服务、情感支持、资源链接等方面提供服务。

中观系统（mesosystem）是指理论家在中观层面进行分析的系统类别。它指的是我们生活于其中的个人关系网络。中观层面的残疾人社会工作主要针对残疾人及其关系网络开展专业服务。从社会工作的专业手法来看，中观层面较多采用小组工作法和社区工作法，如通过小组工作建立残疾人及其家庭之间自助或互助的网络，或者通过社区工作建立残疾人及其家庭的支持性邻里关系，等等。

外观系统（exosystem）是指影响个人系统的各种社会制度，它包括诸如政府机构之类的社会设置。外观系统通过考察重大社会制度的影响来强调把服务对象更为广阔的社会环境纳入其需求分析的过程中。外观系统把社会工作的服务视野扩展到制度层面，要求社会工作者在预估残疾人需求和提供服务时，关注到社会制度和正式资源的影响。例如，社会工作者需要熟悉我国针对残疾人有哪些具体的政策支持。社会工作是社会福利体系的一个重要组成部分，是社会福利制度中的服务发送或传递体系。（王思斌，2014）因此，残疾人社会工作的发展和社会福利密不可分。

宏观系统（macrosystem）是指微观系统、中观系统和外观系统所处的更大的文化环境和亚文化环境。该系统对社会活动的影响是最为普遍的。关于文化（culture）的定义数不胜数，但归纳起来大致分为两类：一类认为文化是社会成员所享有的知识、思想、价值观和物质财富；另一类认为文化是在社会互动中产生的，是社会成员在社会化过程中习得的。亚文化（subculture）则是指仅为社会上一部分成员所接受的或为某一社会群体所特有的文化。（郑杭生，2020）科林·巴恩斯（Colin Barnes）认为残疾文化假定了残疾人和非残疾人不同的身份感，局内人（insiders）和局外人（outsiders）的区别在于不同的文化习惯、社会互动和独特的语言（如手语）。（Albrecht，Seelman，and Bury，2001）

朱丽叶·C. 罗斯曼（Juliet C. Rothman）认为理想的社会工作者提供有效服务时需要具有三种不同但同等重要的品质：①知识，包括理论结构、历史、不同残疾类型的知识以及有关人、适应和自我认同的知识。②有效的实务技能，包括与服务人员有效地建立联系、进行沟通、开展评估和帮助处于个体水平、社区水平和更大社会群体中的人发生转变的能力。③自我意识和对自己的个人情感、体验、刻板印象、偏见以及对案主可能的深刻洞察力。（Rothman，2008）

思考题

（1）世界卫生组织对残疾的定义与社会工作中哪一个理论视角高度契合？

（2）请解释残损、残疾和残障的概念并分析三者之间的关系。

（3）你认为一个因车祸导致肢体残疾的人，恢复到什么程度才能算作是康复了呢？

（4）对比本章介绍的四种康复模式的利弊。如果有一天，你自己或者你的家人需要康复服务，你更愿意选择哪种康复服务呢？请说明理由。

第二章　残疾人社会工作价值观与伦理

学习活动

我们鼓励大家通过以下自我对话的练习，不断澄清自己对残疾现象的态度和信念。

（1）如果有一天，我突然致残，对我来说最难接受的是什么？

（2）如果能够选择，我更愿意成为哪一类残疾人，为什么？

（3）我会选择一个残疾的男朋友或者女朋友吗？请阐释理由。

第一节　残疾人社会工作价值观

价值观是一种文化、一群人或一个人所期望的习惯、信念、行为和原则。作为一个职业群体，社会工作者遵循一套核心价值观，这是社会工作使命的基础。（Barke，1999）社会工作有通识性的价值观，具体到不同人群的社会工作服务，对社会工作者也有一些特殊的要求。本节先介绍国际社会工作通行的价值观，然后再细化到残疾人社会工作的价值观。

一、当代社会工作价值观

第一，服务大众。该价值观的伦理原则是“社会工作者应当将服务社会中有需要的困难人群作为自己的首要任务，并且对于社会问题给予关注及采取行动”。社会工作者应超越个人利益来为社会大众提供专业的社会服务。社会工作者依赖其专业知识和技术来协助有需要的人；社会工作者被鼓励在不求财务回报[①]之下，奉献他们部分的专业技能。

第二，践行社会公正。该价值观的伦理原则是“社会工作者要挑战社会的不公正”。社会工作者致力于确保服务对象能获得必要的资讯、服务、资源以及平等的机会。

第三，维护服务对象个人的尊严和价值。该价值观的伦理原则是“社会工作者应尊重个人与生俱来的尊严与价值”。社会工作者以一种关怀与尊敬的态度对待每个人，留意个别差异和文化及群体的多元性。社会工作者致力于促进案主对社会责任的认知和自主决策，同时尝试增强案主表达自身需求及寻求改变的能力。社会工作者应认识到自己对案主以及社会的双重责任，寻求符合专业的价值、伦理原则和伦理标准的方式来实践社会责任，以解决案主和社会之间的利益冲突。

第四，注重服务中人与人之间关系的重要性。该价值观的伦理原则是“社会工作者应认识到人际关系的核心重要性”。社会工作者应了解人与人之间的关系是改变的重要原动力。社会工作者在助人过程中扮演的是服务对象的伙伴角色。社会工作者在有目的的努力之下尝试去增强人际关系，以恢复、维持和增强个人、家庭、社会团体、组织和社区的福利。

第五，待人真诚和守信。该价值观的伦理原则是“社会工作者的行为应是值得信赖的”。社会工作者要牢记专业的使命、价值、伦理原则和伦理标准，并能始终践行它们。社会工作者应诚实且负责任，并促进自身开展符合伦理的实务工作。

第六，注重能力培养和再学习。该价值观的伦理原则是“社会工作者应在自己专业能力范围内提供服务，并不断提升自己的专业知识水平”。社会工作者应持续致力于增加自己的专业知识和提升专业技能，并在实务中加以运用。社会工作者应期许自己对专业

① 这里需要特别说明的是，社会工作者不求财务回报，并不是指社会工作者和志愿者一样不拿薪酬。这里的“不求财务回报”指的是不求薪酬之外的费用，其背后的理念和社会工作发展历程中两极化的纷争有关，触及有关社会工作专业的本质和使命的讨论，在这里就不再赘述。

的知识基础有贡献。

二、中国传统助人活动价值观

专业社会工作源自欧美国家，对我国而言，它是一个“舶来品”。但是，这并不意味着社会工作在我国的实践中是空白的。王思斌认为，中国没有专业意义上的社会工作，但存在实践层面的社会工作。（王思斌，1995）这里所谓实践层面的社会工作，除了王思斌提到的与我国计划经济体制相契合的行政性、半行政性社会工作之外，还可以追溯到中国传统的助人价值观与实践活动。

（一）中国传统助人活动价值观的基本内容

1. 倡导“仁爱”的价值基础

如果说基督教的“博爱”思想是西方社会工作价值观的基础，那么儒家的“仁爱”思想可以视为中国传统助人活动价值观的基础。“仁”是儒家学说的基础和核心，在儒家学说中，“仁”所强调的是血缘纽带关系，“孝”“悌”是“仁”的基础，“亲亲”“尊尊”是“仁”的首要标准。同时，“仁”又被儒家视为个人发展的最高境界。儒家认为，个人不是完全独立的，而是处于人伦关系之中的，因而能够协调好各种人伦关系、善待自己的亲人是做人的根本。“仁”首先要求的是帮助、关心、爱护自己家里的人，但在儒学中，“仁”不仅是一个协调家庭关系、对待家人的原则，同时也是协调社会关系、对待他人的原则。因此，以“仁”为基础的“爱”，不仅体现在爱和关怀自己的家人上，还要求人们以宽广的胸怀善待和爱护全社会的人。那么，作为弱势群体的残疾人，毋庸置疑，更应该是全社会善待和关爱的对象。根据“仁爱”的价值观，全社会应该为残疾人提供一个友善、平等的社会环境。

2. 注重“亲情”的价值原则

以“仁爱”为基础的助人活动，势必要求遵循注重“亲情”的价值原则。既然“仁爱”要求把所有人当作自己家人一样看待，那么助人者和服务对象之间就应当建立起一种类似于亲人的亲密关系，社会工作者对待服务对象就像对待自己的亲人一样，投入最真挚的情感，让服务对象感受到温暖。从传统的中国人际关系的差序格局特征来看，只有当服务对象和社会工作者之间建立了较为亲密的情感关系时，服务对象才能像信赖亲人一样信赖社会工作者，从而向社会工作者敞开心扉，自愿接受帮助并积极改变自身的生存状态。

3. 家庭 - 社会本位的价值取向

中国传统价值观念的一个重要特色就是注重整体性，这在传统中国社会更多地表现为家族主义，而在新中国则更多地表现为集体主义，这种整体性思维模式在中国传统助人活动价值观中具体表现为家庭 - 社会本位的价值取向。这种价值取向的基本观点是：要求个人利益服从家庭、国家、社会或任何一个整体的利益；对于个体，更多强调的是其对社会整体和他人的责任和义务，而不是其权利和利益；忽视每个个体的独立性，片面强调个体在社会整体和社会关系中的身份和地位。在这种价值取向主导之下，中国社会的助人活动通常是在以下三个层次上递进展开：个人内省自助、家庭邻里互助和社会“剩余”救助。

事实上，个人内省自助的价值观更强化了残疾的宿命论观点，个人在遇到困难的时候，首先反省自身在其中的责任，力求自己解决这些问题，所谓“万事不求人”“家丑不可外扬”，形成了中国独特的“求助耻辱性”文化。（王思斌，2001）笔者在开展农村社区康复项目时也发现，绝大多数农村残疾儿童及其家庭把残疾所导致的家庭困境归因于“命不好”，更倾向依靠家庭内部的资源来帮助残疾的家庭成员。在一个典型个案的家庭中，长子是聋人终身未婚，其唯一的妹妹则通过男方入赘的方式组建家庭，在父母去世后承担赡养自己残疾兄长的责任。（古学斌、王思斌 等，2010：152—170）

（二）中国传统助人活动价值观的利弊分析

就“仁爱”“亲情”的价值观念来说，其利在于：第一，传统助人活动价值观要求社会工作者像对待亲人一样对待服务对象，这有利于培养社会工作者的专业委身，激发他们对案主的情感，从而积极主动地帮助案主。真正践行社会工作价值观所倡导的真诚、尊重等价值理念。第二，社会工作者通过情感投入，与服务对象建立一种真诚、信任和融洽的关系，这有利于促进服务对象正向改变。第三，从社会支持网络的角度来看，“仁爱”“亲情”的价值观念为中国专业社会工作的发展储备了宝贵的非正式资源，包括家庭、亲朋和邻里网络。其弊在于：过分强调家庭等非正式资源，且又要求个人内省自助，避免给他人造成负担，强化了熟人圈子的助人网络，影响了我国社会工作专业的发展及其在社会大众中的认可度和接纳度。

就家庭 - 社会本位的价值取向来看，其利在于：第一，强调个人对整体和他人的义务和责任，以及个人对整体利益的服从和牺牲，既有利于强化社会工作者应有的义务和责任意识，又有利于社会工作发挥理顺社会关系、稳定社会秩序的功能。第二，社会本位的价值取向培养了中国人的整体性观念，有利于社会工作者采用小组工作法、社区工作法开展有效的助人活动。其弊在于：第一，过分强调个人对社会整体的牺牲和服从，不利于唤醒服务对象的权利意识，不利于推动社会承认个人的权利和利益。专业社会工作者除了要帮助服务对象增强权利意识之外，还需要通过社会倡导的方式为服务对象争取权益。第二，社会本位的价值取向往往使服务对象单一地从社会整体角度看待每一个个体，忽视个体所具有的个性、差异性因素，这和社会工作所倡导的个别化原则相悖。第三，剩余型社会福利思想将社会救助的注意力集中在一部分有特殊困难的人们身上，缺乏常规性和普适性的救助机制和措施，这既不利于防患于未然，也无法及时应对快速变迁的社会中涌现的社会问题。（罗肖泉，2005）

三、残疾人社会工作价值观的基本内容

在讨论残疾人社会工作的价值观时，有必要回顾新旧两种残疾人观的变化。如前所述，社会工作者的价值观受到社会价值观和个人价值观的影响，因此了解关于残疾和残疾人相关观点的变化，不断澄清我们的价值观，有助于社会工作者为残疾人开展专业服务。

（一）旧残疾人观

一般来说，旧残疾人观是在社会生产力发展水平和文化发展水平比较落后的情况下形成的。但是，现代社会取得如此长足的发展，为什么旧残疾人观在人们中间还会产生这样或那样的影响呢？马克思主义的历史唯物主义原理告诉我们，社会意识对社会存在具有相对独立性。作为一种社会意识的旧残疾人观，即使在它赖以存在的物质条件根本改变之后，还可能存在一个相当长的时期，并对残疾人事业的发展起着一定的阻碍作用。这些年来，歧视残疾人的现象虽然有所好转，但是仍未消除。因此，残疾人观要有一个转变，即由一种旧残疾人观转变为一种新残疾人观，这是现代文明社会发展的需要和残疾人事业发展的需要。旧残疾人观在现实生活中有种种表现，概括起来主要有以下三种代表性观点：宿命论的观点、无用的观点和恩赐的观点。（奚从清，2000）

1. 宿命论的观点

持宿命论观点的人认为，残疾只是某些个人的悲剧或灾难，是由其命运注定的，不可违抗的。事实上，如果狭隘地把残疾归结于残疾人自身的悲剧，是一种对残疾现象去情境化（decontextualized）的理解。如果把残疾看成只是某些个人的悲剧或灾难，是命运注定的，对残疾者个人、其家庭以及整个社会都有消极影响。宿命论会强化残疾人的自我污名，导致其自卑；让残疾人及其家庭不断内化自我承担的观念和自我照顾的责任；还会导致制定不适当的社会政策，让社会工作者对残疾预防持消极的态度。

2. 无用的观点

持无用观点的人往往把残疾人看作“残废人”，只着眼于他们不能做什么，而没有着眼于他们能做什么。从标签理论的观点来看，如果残疾人长期被贴上“无用”的标签，不仅会强化社会大众对残疾人的偏见，更会导致残疾人不断内化这些负面标签，进而自怨自艾。

3. 恩赐的观点

持恩赐观点的人往往不把残疾人视为真正意义上的公民，而是将残疾人作为公民本应享有的权利，错误地当作对他们的“恩赐”或“施舍”。这主要是因为这些人对残疾人拥有人权、尊严这一事实缺乏认识。如果认为残疾人只是被恩赐、被施舍的对象，那就在事实上剥夺或至少是忽略了他们平等参与社会生活的权利。这不但有违事实，还违背了人道主义原则。

（二）新残疾人观

随着社会的进步和发展，旧有的残疾人观也慢慢发生转变，逐渐形成了新的残疾人观。新残疾人观主要包括以下几种观点。

1. 社会代价论

残疾现象自人类产生就相伴而生，不可避免。第一，残疾是人类文明和社会进步过程中所付出的一种社会代价。如果工伤事故和交通事故未曾引发伤残现象，安全作业规程与交通管理规则的制定可能不会如此完善和科学。先天失明、失聪以及唐氏综合征等病例的出现，使人类逐渐认识到优生优育的重要性，以及理解了近亲禁止婚配的科学依据。可以说，部分人群的伤残经历，客观上为人类社会的健康发展提供了重要的启示。第二，许多人的残疾是由自然原因和社会原因造成的。诸如自然灾害、近亲婚配、遗传、疾病、贫困、战争、犯罪等，都可能造成残疾。随着科技的进步和社会的发展，人们可以在一定范围内、一定程度上控制残疾的发生和发展，但是不能完全消除它。第三，可以通过预防措施将残疾的产生控制在最低限度内，残疾的程度和残疾人所受的痛苦可以通过社会补偿得到缓解。

2. 残疾人的尊严和价值

残疾人有个人的尊严和权利，有参与社会生活的愿望和能力，他们同样是社会财富的创造者。因此，为残疾人提供特别的扶助，提供各种补偿条件，通过发展残疾人事业，使他们的权利得到更好地实现，使他们以平等的地位和均等的机会参与社会生活和国家建设，共享社会物质文明的成果，是政府及社会的责任。（奚从清，2000）

3. 发扬人道主义精神

人道主义在文艺复兴时期得到了极大的发展和广泛的传播，它反对当时以神、超自然等抽象概念衡量一切，而主张以人为本，将注意力放在此生、此世，以及尊重人的尊严和价值。人道主义是对人的价值、尊严、自我实现、自律、世俗理性和历史连续性等的重视，因此它渗透了社会责任、参与、正义以及平等的理念。(曾华源 等，2011）因此，从人道主义的视角出发，残疾人和其他健全人一样，有同样的价值、平等的权利和作为人的尊严。

从旧残疾人观到新残疾人观的转变，是社会与经济发展变化的必然结果。新残疾人观能够建立一个更包容、接纳、友善和平等的社会，营造有利于社会弱势人群（不仅仅是残疾人）的社会关怀氛围。

（三）残疾人社会工作价值观的两个维度

残疾人社会工作价值观应该首先满足社会工作基本价值观，同时需要考量残疾人的特点和生存状态以及社会人士的残疾观。根据社会工作“人在情境中”的理论视角，马洪路把残疾人社会工作价值观分为两个维度，即“对残疾人”和“对社会环境”两方面的内容。(马洪路、中国社会工作教育协会，2007)

1. 对残疾人

（1）每一个残疾人，无论身患何种残疾，均具有与生俱来的价值与尊严。有尊严地生活是残疾人生命意义的核心。

（2）追求自我实现是每一个残疾人的愿望。残疾人渴望最大限度地平等参与社会生活，以实现自身价值。残疾人不应因生理上的缺陷而丧失尊严。残疾人身有残疾，但并不影响他们是完整意义上的社会人。

（3）每一个残疾人都有能力追求和创造更美好的生活。

（4）每一个残疾人既有人类共同的需求，也有其独特的需求与偏好，同时还具有与其身体状况相匹配的需求。

2. 对社会环境

（1）社会应该给每个残疾人提供机会，使他们能够充分发挥潜能，改善生存条件，贡献社会。

（2）社会应该提供适合残疾人需要的资源与服务，以满足他们康复、学习、工作、生活等方面的需求。

（3）由于残损[①]，残疾人想要获得成功，需要比健全人付出更加艰辛的努力。社会及大众应该给予残疾人尊重、关爱和鼓励，优先为他们提供资源及创造发展条件。

（4）社会在现有福利条件下，应尽最大可能消除残疾人参与社会生活的障碍，尤其是改善无障碍环境及设施，因为顺利出行是残疾人参与社会生活的前提条件。[②]

第二节　残疾人社会工作伦理

一、社会工作伦理的基本内容

“ethics”（伦理）一词源自希腊文的“ethos”，“ethos”的本意是“本质”“人格”，也与“风俗”“习惯”的意思有关。（何怀宏，2002：10—11）伦理是关于对与错的道德原则和观念体系，以及由此产生的由个人、团体、职业或文化践行的行为哲学。（Barker，1999）由此可见，价值观是一种偏好，没有好坏和对错之分，但是伦理作为价值的行动体现，有“对”和“错”的区别。伦理和价值概念的区别如表 2-1 所示。

表 2-1　伦理和价值概念的比较（曾华源 等，2011：155）

	伦理	价值
基础来源	价值演绎而来	生活经验的情感认同
属性	强制的、被预期的	可欲的、喜好的
功能	行为对错准则	行动目标

① 为保持全文在讨论残疾现象时的范式一致，此处引用时将原文中的“残疾”改为“残损”。

② 该条为笔者增加，强调无障碍环境建设对消除残疾人社会参与障碍的重要性。

专业伦理指的是社会中所有牵涉专业角色与专业行为的哲理思想、价值体系、伦理原则与标准。（罗肖泉，2005）伦理守则是由职业群体共同制定的有关其价值、原则和专业规则的明确陈述。（Barker，1999）社会工作专业伦理原则可以为社会工作者提供指南，让他们能够把专业的价值观转化到专业实践活动中。专业伦理与一般的社会伦理有紧密的联系，但两者却不等同。

专业伦理虽然是来源于社会的伦理，但在重要的细微之处却可能有所不同。大卫•沃森（David Watson）指出，社会工作者和服务对象之间的专业关系与个人关系十分复杂，不像医患关系中医生和病人讨论病理，律师和当事人讨论法理那样简单。社会工作者和服务对象讨论的是情理，与上述两种有客观依据的专业关系相比较，社会工作的专业关系要复杂很多。（Watson，1985）

二、残疾人社会工作伦理的基本内容

残疾人社会工作是社会工作实务的领域之一，必然要遵守社会工作的专业伦理。残疾人社会工作伦理是社会工作伦理在残疾人实务领域的具体体现和应用，反映了该专业服务残疾人的特殊性。马洪路将我国残疾人社会工作专业伦理要求概括为尊重和保障残疾人的权益、平等对待残疾人、维护社会公平和正义等七个方面，按照其针对的群体，可以分为针对服务对象（残疾人）和针对为服务对象服务的专业人员两类。

（一）针对服务对象的专业伦理

我国残疾人社会工作针对服务对象的专业伦理包括：①尊重和保障残疾人的权益。残疾人作为社会的特殊群体，根据其自身特点和需要，享有宪法和法律规定的特殊权益。②平等对待残疾人，维护社会正义。残疾人是社会的成员，因而有权利留在当地社区之内，他们应能在一般的教育、保健、就业和社会服务的体系内获得资助。③尊重残疾人对自己生活选择的权利。奚从清认为尊重残疾人对自己生活选择的权利，就是要消除残疾人和环境之间的不协调，相信他们的能力，把对生活选择的权利交还给残疾人自己。尊重残疾人对自己生活选择的权利还需要全社会平等地对待残疾人，让他们有机会和其他非残疾人士一样获得生活的资源，从而有机会发挥自己的潜能，对自己的生活做出选择。（奚从清、林清和，2013）④保守秘密，尊重残疾人的个人隐私。保密是案主的基本权利。案主前来求助，不希望因此受到伤害。社会工作专业伦理原则强调，每个人都有不愿意为他人所知的隐私。

（二）针对专业人员的专业伦理

我国残疾人社会工作针对专业人员的专业伦理包括：①尊重其他为残疾人提供服务的专业人员。残疾人的需求涉及生理、心理和社会等不同层面，需求的多元化和问题的复杂性决定了针对残疾人的社会服务需要组建跨专业的团队来开展，不同的专业有不同的价值观和伦理守则，同时不同利益相关者在同一服务中的角色和考量角度可能有所不同，这些都有可能在为残疾人服务时引发价值冲突。这就要求社会工作者要做到尊重每一个为残疾人提供服务的专业人员和利益相关者，切实从服务对象的需求出发，在尊重案主自决原则的前提下，尊重、协调各方，真正回应残疾人的需要。②提供适合残疾人需要的、令其满意的服务。为残疾人提供适合和令其满意的服务，社会工作者至少要具备以下三种能力，即需求评估能力、感同身受的能力和反观镜照的能力。首先，残疾人和其他非残疾人的需求既有共性又有差异性，这就决定了社会工作者在通识性的专业知识和技能基础上，能够识别残疾人差异化的需要，对残疾人的需要做出准确评估，如对无障碍环境的需求等。其次，大部分社会工作者缺乏感同身受的能力，因此需要努力换位思考，但要真正做到感同身受极具挑战性。最后，社会工作者需要具有反观镜照（reflection）的能力，随时提醒自己避免以健全人的视角，内化标签而不自知。例如，在残疾人服务中，不断用残疾人中成功的个例来激励服务对象迈向成功，要求服务对象实现力所不能及的事情，如果服务对象失败，他会觉得自己不够努力。③不断提高工作水平，提升自身专业能力。社会工作者在提升自身专业理论知识水平和方法应用能力的同时，也要不断延展自己的知识范围，了解和学习与残疾人生理、心理和社会相关的知识，具有学习跨专业知识的能力。随着医学技术和科学信息技术日新月异的发展，残疾人社会参与的可能性也大有提升。社会工作者需要了解这些前沿的信息和技术，来帮助残疾人及其家庭提高生活质量。此外，社会工作者也应该具备实务研究的能力，通过总结和提炼实际工作中的经验，透过研究为残疾人发声和倡导，这也是消除社会偏见、促进残疾人融入社会的途径之一。

第三节　残疾人社会工作实务中的伦理两难及抉择

一、伦理两难的内涵及其产生原因

事实上，学习和了解社会工作的价值观和伦理，清楚实务中需要遵守哪些伦理守则并不困难，大部分一线的社会工作者都可以在实务过程中践行社会工作的价值观、遵守社会工作的伦理守则。真正困难的是，在实际工作中遭遇伦理两难及找到其应对方式。弗雷德里克·G. 雷默（Frederic G. Reamer）认为，当社会工作者面临数个专业职责与价值上的冲突，而必须决定何者较优先考量时，就出现了伦理两难。社会工作者必须在不相容的选择中做决定，而无论做出哪一种决定，都必须做出一些牺牲。这样的选择也可被视为卡尔·波普尔（Karl Popper）所谓的痛苦最小化（minimization of suffering）。（Reamer，2009）

罗肖泉认为，社会工作实务中的伦理困境有四个内涵：第一，伦理困境是带有伦理特性的困难和问题。社会工作者在实务过程中会面临一系列错综复杂的关系，这些关系涉及案主及其家庭、社会工作者、社会组织、社会大众等多方，解决案主的问题需要协调和处理这些盘根错节的关系，这就决定了社会工作实务中伦理困境产生的必然性。第二，伦理困境是发源于价值观冲突的困难和问题。我们在本章的第一节介绍了价值观，在社会工作实务过程中会涉及不同利益相关者的个人价值观，还牵涉到社会价值观和社会工作者的专业价值观，加上文化、民族、时代等不同因素的影响，在同一个个案中必然会存在价值观的冲突，伦理困境的产生也就不足为奇了。第三，伦理困境是诱发伦理抉择的困难和问题。社会工作实务中的伦理困境往往会使社会工作者处于两难的抉择中，而且两种选择都同样重要，难以轻易做出选择和取舍。例如，电影《遇见你之前》中的男主角威尔因意外车祸导致四肢瘫痪，如果威尔是社会工作者的服务对象，社会工作者就会陷入案主自决和案主的生命质量之间的两难困境。第四，伦理困境是诉诸道德责任感的困难和问题。社会工作在专业化的过程中一度出现"技术主义"的倾向，认为只要掌握专业理论和技巧就能解决问题。但是，社会工作实务中的问题，尤其是伦理问题，仅仅依靠专业理论知识和技巧是不能解决的。它需要社会工作者秉承专业的价值观、践行专业伦理、具备社会道德素养且富有责任感。（罗肖泉，2005）

那么，为什么会出现伦理两难呢？事实上，任何以人为主要工作对象的职业和专业都会面临实践情境中的模棱两可和不确定性，对于秉持在实践中"以人为本"的社会工作专业而言，在社会工作实务中伦理两难的情况就更为凸显，主要原因有：第一，社会工作者处理的问题常常是不具体和模糊的；第二，社会工作者不像许多职业那样为其从业者提供相同类型的知识基础；第三，社会工作者与大多数其他领域的从业者相比，他们对介入的结果有较少的控制权。弗兰克·洛温伯格（Frank Loewenberg）和拉尔夫·多尔戈夫（Ralph Dolgoff）把上述原因概括为价值观和目标的不确定性、科学知识和任何特殊状况下的事实的不确定性以及干预结果的不确定性。

二、伦理两难抉择原则及框架

既然以实践为本的社会工作专业在实际工作中充满了不确定性，伦理困境的出现是一种必然，那么我们依靠什么来解决伦理两难问题，如何把社会工作者从模糊不清、苦楚挣扎的困境中解脱出来呢？下面，我们介绍多尔戈夫等学者提出的面对伦理两难时的决策原则和几个常用框架，为在实务中左右为难的社会工作者提供抉择的依据。

（一）一般性伦理决定模式

多尔戈夫等学者把观察伦理决定的过程形象地比喻为看着海浪层层翻滚最终抵达海岸的过程。他们认为，一个决定总是受上一个决定的影响，社会工作者需要理性且清晰地看到自己在实务中如何做出决定。一般性伦理决定模式（如图 2-1）旨在把非理性、冲动以及有目的的行动带来的非预期后果最小化。

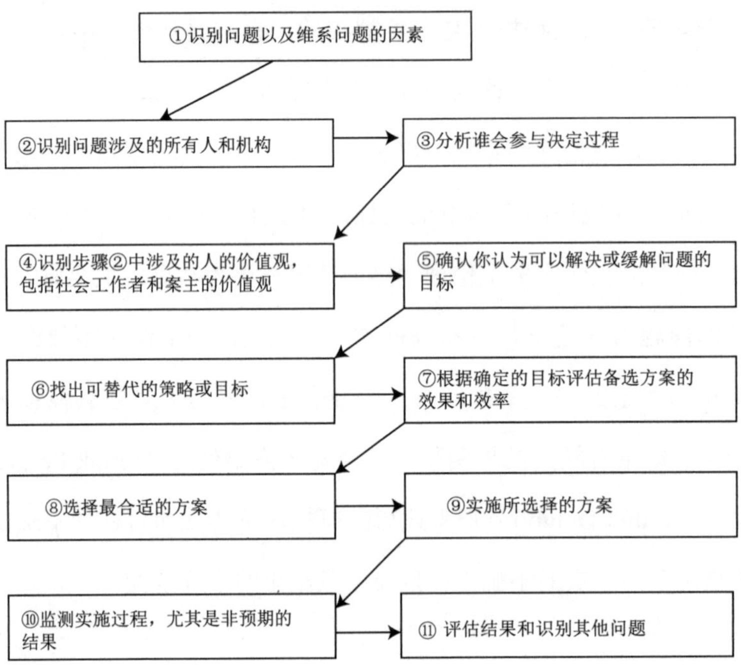

图 2-1　一般性伦理决定模式

（二）伦理评估筛选框架

上述介绍的一般性伦理决定模型，不仅适用于伦理两难的决定，也同样适用于其他的决策情境。伦理评估筛选框架（如图 2-2）与一般性伦理决定模式相比，更贴合社会工作伦理两难的情况，充分考虑了个人、社会、专业的权利和利益，引导一线社会工作者如何一步一步斟酌各个利益相关方的情况，最后做出从短期和长远来看，对服务对象及其系统均是最小伤害的决定。该框架要求社会工作者首先要澄清在伦理困境中个人、社会以及专业的价值观，然后反思如何将这三者之间的冲突最小化。其次，确定替代性的方案，判断哪一个方案能使案主、他人、社会的利益最大化，然后反思如何把案主、他人和社会的权利和利益冲突最小化。再次，要考虑根据这一伦理决定的行动是否符合最小伤害原则，评估这一选择是否有效果、有效率以及符合伦理要求。最后，要考量这一决定的短期和长期的后果。

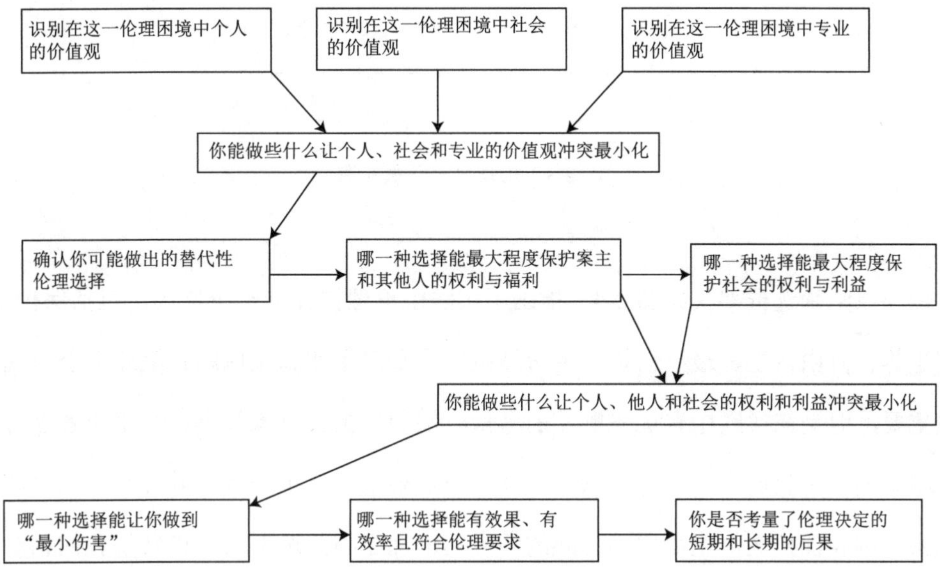

图 2-2　伦理评估筛选框架

（三）伦理守则和伦理原则筛选框架

伦理守则筛选（ethical rules screen, ERS）和伦理原则筛选（ethical principles screen, EPS）两个参考框架提醒社会工作者，一般性伦理决定模式和伦理评估筛选框架只是工具，不能在实务中盲目应用。伦理守则筛选框架（如图 2-3）要求首先检查是否有可适用的社会工作伦理守则，这些守则一定优先于个人的价值系统。如果有一项或多项伦理守则适用，就遵循伦理守则的要求；如果伦理守则没有就特别的问题有规定（如是否能收服务对象的礼物），或者几项伦理守则存在冲突，那么需要使用伦理原则筛选框架。

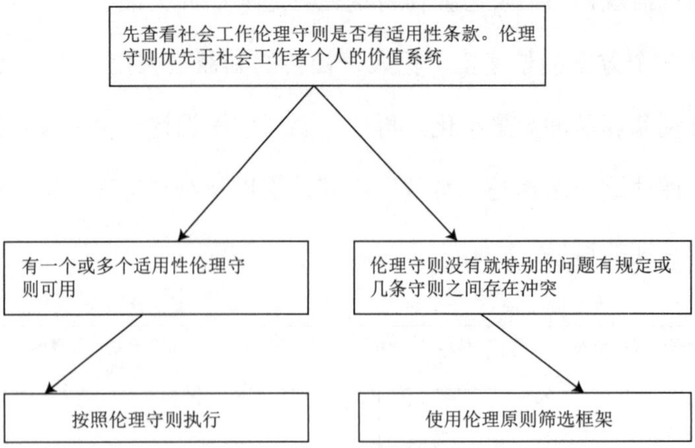

图 2-3 伦理守则筛选框架

伦理原则筛选框架（如图 2-4）指出了实践中伦理抉择的七个原则，包括保护生命、差别平等、自由自主、最小伤害、生活品质、隐私保密和真诚原则。上述七个伦理原则都很重要，但是在实践中有优先顺序的考量。例如，服务对象告诉社会工作者因身体疼痛难耐想要轻生且已经开始每日囤安眠药，但是要求社会工作者为其保密。这里涉及隐私保密原则和保护案主生命原则之间的冲突，伦理原则筛选框架可以帮助我们相对容易识别在这一两难情境中要遵循保护案主生命的原则，打破隐私保密原则。

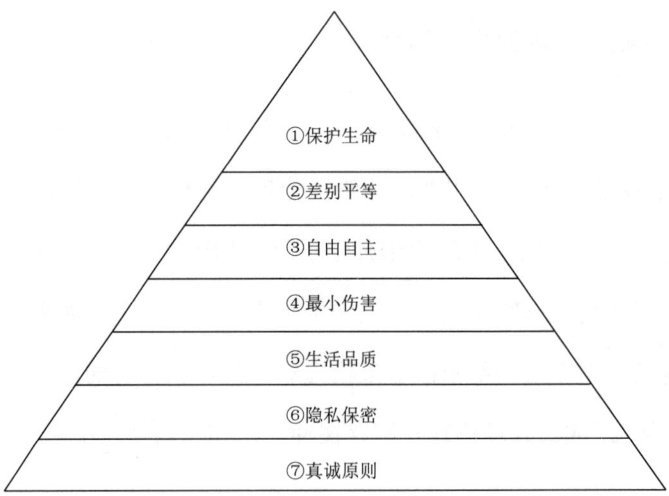

图 2-4 伦理原则筛选框架

除了多尔戈夫等学者提出的上述伦理抉择的框架之外，雷默也提出了六个原则来协助社会工作者解决实务情境中的伦理困境。第一，基本上防止伤害人们生存行动的必要先决条件优先于说话、泄密、威胁和累加善的规则。这就能够解释为什么处理家庭暴力个案的社会工作者不会把受虐妇女庇护所的位置告诉施暴者了。第二，个人基本幸福权利优先于另一个人的自由权。例如，重度智力残疾儿童的父母不能因为孩子是自己亲生的和孩子不能理解暴力的意义而虐待孩子。第三，个人自由权优先于他自己的基本幸福权。当服务对象处于理性状态且能预估行为后果时，即便该行为对其自身比较不利，社会工作者也不得干涉。第四，个人在自愿与自由下同意遵守法律、规则和规定的义务是高于违反这些规定的权利的。第五，在冲突时，个人幸福的权利超越法律法规、规定和自愿组织的安排。遵守法律、规定和规则不是绝对的。例如，为抢救受伤命危的病人闯红灯是可以被接受的。第六，防止如饥饿等基本伤害与推行房屋保障、教育及公共救助等公共善的义务优先于保护个人财产。

杰拉尔德·科里（Gerald Corey）提出的伦理决策模式包括八个步骤：①识别问题或难题所在。社会工作者应尽可能收集相关的信息，辨别哪些是伦理层面、法律层面和道德层面或者三者皆有的问题，以便从不同的视角来考量复杂的问题。②识别可能涉及的潜在议题。在收集完资料后，社会工作者需梳理所涉及的议题，清楚辨明与情境相关的每一个人的权益及义务，权衡各种伦理原则在该情境中的重要程度。③回顾相关的伦理守则。社会工作者需要回顾专业伦理守则和机构的相关规定，看看这些守则和规定是否能够提供合理性来支持其做决定。④了解适用的法律与规定。⑤咨询其他专业人士的意见。⑥考量行动的可能性和成功的概率。社会工作者可采用脑力激荡的方法对比每种行动方案的利弊，分析其成功的可能性。⑦衡量不同决定产生的后果。注意这个后果不仅是针对服务对象的，还会影响到服务对象的重要他人、社会工作者以及机构和专业，因此需要全面分析和评估。⑧选择最适当的行动。社会工作者每一阶段收集的信息越全面细致，每一步的分析越谨慎细微，最后的决定就越清楚。

思考题

（1）简述国际通行的社会工作价值观。

（2）为什么社会工作专业会出现伦理困境的情况？

（3）你在易地扶贫搬迁社区为残疾人提供了一年的服务，服务结束后即将离开。最后一次小组活动，一位男性残疾青年送给你一份礼物（礼物被包装好放在盒子里，无法判断是什么），你会如何处理这一情况？有哪些伦理抉择的框架是你可以参考的？

第三章　残疾人社会工作理论与模式

学习活动

（1）回忆一下你所学习的社会工作理论，你认为哪一些是可以解释残疾现象的呢？请举例说明。

（2）一位侏儒症患者的母亲再次怀孕了，她的第一个孩子遗传了侏儒症。这位母亲无法预知肚子里的这个孩子是否也会患有侏儒症，她在挣扎是否要留下这个孩子。如果你是社会工作者，你会如何帮助你的案主做决定？

第一节　残疾人社会工作理论与模式概述

一、理论的定义和分类

假设你的服务对象是一对父母，他们把自己患有智力障碍的10岁女儿一直藏在家里，既不让她出门参与社区活动，也不送她上学。你在社区探访的时候发现了这个个案，从社会工作专业的角度，你会如何理解父母藏匿残疾子女的行为呢？你会从什么样的角度解释父母行为背后的深层次原因呢？根据你的解释，你又会为这个家庭提供何种服务呢？尽管很多一线的社会工作者没有意识到自己在使用理论，但是在社会工作服务中有关上述问题的思考，就已经涉及理论问题了。理论为残疾人社会工作者在开展服务时提供了系统性的思考，进而促进其做出实践选择。

（一）理论的定义

唐纳德·麦克唐纳（Donald Macdonald）查阅字典中有关理论的解释，认为对“理论”这个词的使用可以分为“科学”和“日常生活”两种情境。对科学家而言，理论是通过被认可的科学程序达成的有关知识的普遍性原则，理论要能解释现象。日常生活中的理论则是指抽象的想法或是推测。日常生活中人们使用“理论”这个词的时候，常常会觉得它和现实是脱节的。马尔科姆·派恩（Malcolm Payne）梳理了不同学者对理论的定义，综合不同的观点，认为理论是以系统化的方式对我们周围世界的知识进行概括性描述和解释，其要素是系统化的方式、描述和解释现象、对经验的概括性思考。（Payne，2014）乔纳森·H. 特纳（Jonathan H. Turner）也指出了科学理论的三个特点：第一，理论是一般的、基本的、永恒的和普遍的。也就是说，理论力求超越具体事件和时间的局限性。第二，理论表述比日常用语更规范。例如，本书第一章介绍了残疾的相关概念，在选择使用残损、残疾、残障等词汇描述残疾现象时，背后都有其不同的理论依据，与日常生活中我们使用的词汇相比会更规范和严谨。第三，理论可以根据具体情形采用不同的方法进行系统的检验。尽管科学理论的表述既抽象化又形式化，但它并没有脱离经验现象。有用的理论都可以通过经验事实来检验。（特纳，2001）这也就意味着开篇我们提出的社会工作者在为残疾儿童家庭服务时，不能仅仅停留在简单的经验性理解和道德上非黑即白的二元判断中，认为父母的行为是对的或错的，抑或是情有可原的。社会工作者需要对自己的判断有更深层次、系统性、抽象地思考，为自己后续的专业服务介入找到依据和理由。

社会工作是一个以实践为本的专业，故社会工作专业所青睐的理论，不仅要对实践中的现象有解释力，更要求这些理论对社会工作者采取的行动有直接的指导作用。因此，社会工作实务领域所使用的理论被称为实践理论（practice theory），这些理论要能在社会工作者从事实务工作时为他们提供一个精确的解释。（Malcolm，2014）

（二）理论的分类

也许大家会有疑惑，如果理论的目的是对纷繁复杂的社会现象有一个有序的梳理，那么为什么社会工作领域里充斥着各种各样的理论，而且这些理论之间甚至还存在争执和分歧呢？这是因为不同的理论对社会和人的理解有着本质上的不同，加之社会科学理论更多是借助语言来表述，而语言本身就具有复杂性，这种复杂性和社会工作者面对的服务对象及其问题的复杂性会相互叠加。因此，一线社会工作者感到理论世界纷繁复杂和深不可测，导致他们在实践中常常有“理论无用”或者是“理论用不上”的错觉。事实上，理论对社会工作实践的作用举足轻重，无论是有意识还是无意识，社会工作者的理论视角都会直接影响到服务过程，进而产生不同的服务效果。举例来说，如果因车祸致残的案主在康复过程中情绪反反复复，时好时坏，在结案的时候仍然很难接受自己残疾的事实，这可能会给一直全力以赴的社会工作者造成挫败感，甚至产生自我怀疑。但是，一线社会工作者如果理解案主接纳残疾事实的不同阶段，就能清晰地明白案主所处的阶段及其反应的合理性，那么对案主暂时不接纳自己残疾事实的情绪反应也会有更多的包容。

面对一方面理论对社会工作实践如此重要，另一方面理论又晦涩庞杂的困境，一些学者尝试对社会工作的理论做出分类，以协助社会工作者实现实务中的理论自觉。《社会工作概论（第三版）》一书中提到，大卫·豪（David Howe）在吉布森·伯内尔（Gibson Burrell）和加雷斯·摩根（Gareth Morgan）的社会学理论范式分类模型的基础上，整合了理查德·惠丁顿（Richard Whittington）和约翰·霍兰德（John Holland）的理论分类框架，把社会工作的理论和社会工作者的角色做出了“四范式”模型，如图 3-1 所示。该分类方法把社会工作的理论分为传统社会工作、互动主义社会工作、激进主义社会工作和马克思主义社会工作，不同类别实务中相应的社会工作者的角色分别为调停者、意义的探求者、意识提升者和革命者。大卫·豪认为这四种社会工作理论范式之间，无论是在关于人与社会的本质和人的行为与社会运行机制的问题上，还是在有关社会工作实践本身的性质、目的、过程和方法等问题上，都有明显的区别。

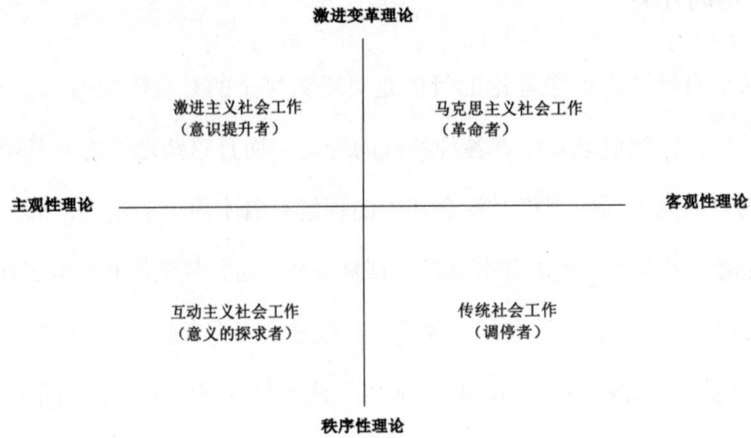

图 3-1　惠丁顿、霍兰德和大卫·豪等人的社会工作理论分类模型（王思斌，2014：69）

派恩在其著作《现代社会工作理论（第五版）》中，根据国际社会工作者联盟2014年发布的社会工作全球最新定义，对社会工作的理论进行了如下划分，如图3-2所示。2014年国际社会工作者联合会对“社会工作”做出的最新定义为：社会工作是以实践为基础的职业，是促进社会改变和发展、提高社会凝聚力、赋权并解放人类的一门学科。社会工作的核心准则是追求社会正义、人权、集体责任和尊重多样性。基于社会工作、社会学、人类学和本土化知识的理论基础，社会工作使人们致力于解决生活的挑战，提升生活的幸福感。该定义提出了社会工作的三个目标，即增能和解放、提高社会凝聚力、推动社会变迁与发展。基于上述三个目标，派恩把社会工作理论做了相应的分类，认为不同的目标背后蕴含了社会工作的政治哲学，进而影响社会工作实践。所以，按照派恩的分类方法，理论之间没有泾渭分明的边界，而是一些理论比较偏向增能和解放视角，另一些可能更倚重社会变迁与发展视角。

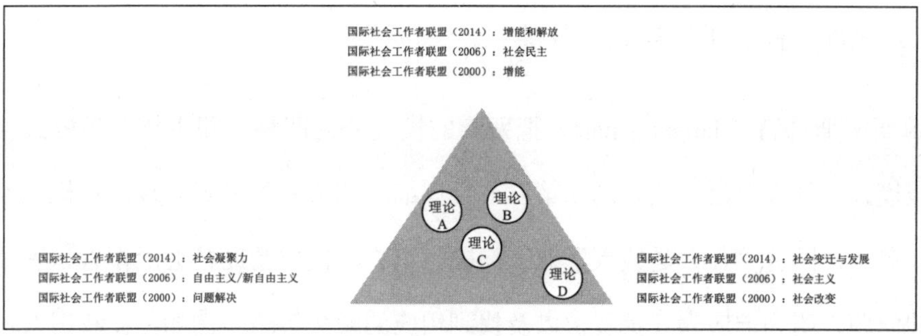

图 3-2　社会工作及其政治哲学的三个视角

二、模式的定义和分类

（一）模式的定义

社会学家对何为模式做出了多种定义。有时候模式被视为理论的同义词，所以大家在阅读一些教材时，会发现残疾人社会工作的理论和模式未被区分；但在另一些情况下，模式又被视为一个在更普遍层面上抽象概念系统的参考，而不是一个理论。无论使用哪一种定义，模式的本质都要求研究者对理论进行积极了解，从而避免经验主义。从本质上来说，模式致力于简化现象，以帮助实现概念化并促进解释。（Scott and Marshall，2009）

大卫·豪认为和理论类似，模式具有定义、描述和梳理现象的功能。模式并不解释所看到的现象，但是对杂乱无序的信息开始有了较低层次的梳理。从这个意义上来讲，模式是理论建构的“砖块”。（Howe，1987）

派恩从社会工作实践理论的角度对模式做了界定，他把社会工作实践理论分为视角（perspective）、框架（framework）、模式（model）和解释性理论（explanatory theory）。派恩认为模式是从实践中提炼出的活动模型，并以结构化的形式描述实践中发生的事情。这有助于我们在不同的情境下保持实践的一致性。模式帮助社会工作者结构化、有组织地处理一些复杂的情境。（Payne，2014）解释性理论涉及因果解释以及实践中“什么有效”和“为什么会有效”的问题。

（二）残疾人社会工作模式的分类

詹姆斯·斯马特（James Smart）把残疾的模式分为四种，即生物医学模式、环境模式、功能模式和社会政治模式。本章第三节会详细介绍每一种模式。这四种模式都具有七个功能：第一，回答“什么是残疾”这一问题。第二，模式帮助社会工作者识别残疾现象中存在的问题、明确谁应为其负责，以及找到相应的解决策略。例如，在我国农村残疾人服务过程中，一些残疾人家庭认为残疾是“命不好”，这一典型的宿命论思想反映了家庭在残疾成员的照顾上需要“认命”和“担责”。第三，模式的不同决定了需求的不同。例如，如果从生物医学模式出发，那么残疾人的需求就是医疗层面的需求；如果从环境模式出发，认为环境的不合理设计导致了残疾人社会参与障碍，那么需求就转为消除残疾人社会参与方面的障碍。第四，模式会影响政策的制定和执行。对生物医学模式的青睐会让我们把残疾人康复服务政策的重点放在生理功能的修复上，相较而言社会政治模式会在社会政策制定过程中更关注残疾人的权利。第五，模式决定了对残疾现象的研究以及对残疾经验的理解。例如，一位视力残疾人士长期在家，畏惧社会参与，是因为他心理自卑还是外界的无障碍环境难以支持其安全出行呢？作为可视人士，我们是否能体会视力残疾人士的残疾经历呢？第六，模式形塑了残疾人的自我认同。第七，模式会导致社会对残疾人的偏见和歧视。（Smart，2009）过去，我们对残疾人有“残废”的说法，也提出了“残而不废”的口号，当“残”和“废”联系在一起时，就会导致社会人士对残疾人的怜悯、同情或排斥。

根据对残疾归因的不同，迈克尔·奥利弗（Michael Oliver）和鲍勃·萨佩（Bob Sapey）把残疾分为个人模式和社会模式。其中，个人模式认为残疾人所遭遇的问题是他们自身残损的直接结果。因此，专业人士的主要任务是帮助残疾人适应致残后的结果。具体包括两个方面的工作：第一是身体调整，即通过康复计划让身体尽可能恢复到接近正常的状态。第二是心理调适，即帮助残疾人接受身体限制的事实。个人模式的观点不仅在社会生活中占据了主导地位，而且已经深藏在社会意识中。社会模式是残疾领域对残疾现象认识的新范式，它认为社会建构残障，包括歧视、污名化、社会排斥、环境障碍、康复服务方式等。康复的原则是社会有责任包容不同的人，增权、自主，推动全纳社会改革。因此，从社会模式的角度而言，需要改变的不是个人，而是社会，从而消减造成残障的因素。

三、理论和模式的关系

既然理论和模式并无一个清晰的界限，那么在残疾人社会工作领域我们是否有必要区分这两个概念呢？区分的意义何在呢？如果一线的社会工作者在服务过程中有意识地从诸多针对残疾人及其家庭的服务经验中提炼、梳理出为这些家庭提供社会工作服务的规律，并在一定范围内将这些规律进行复制和推广，那么可以视为这个做法已经有了模式。模式可以帮助社会工作者把复杂的实务情境结构化和条理化，为社会工作者提供一个清晰的服务步骤指引。社会工作者可能会针对残疾人及其家庭使用个别化需求评估表进行入户访谈并填写观察记录表，提供一系列后续服务清单及服务方法，还包括结案及跟进流程。不过，上述做法并不意味着社会工作者在实践中使用了理论。

社会工作者仍然很有可能是凭借自己的经验或是在督导的指引下根据特定的服务模式按部就班地完成服务流程；而对于新入职的社会工作者而言，甚至就是机械地完成机构所提供的表格，无法意识到自己在实践中使用的模式背后内嵌了何种理论、是否在使用理论、使用的是何种理论。社会工作者如果非常清楚自己在实践中采用的是功能主义的理论，扮演的是修复者的角色，目的是帮助残疾人及其家庭尽快恢复“正常”，融入社会，那么就是有意识地在使用理论，而且清楚地知道自己在实务中的价值立场。

第二节　残疾人社会工作理论

一、正常化理论

《社会学字典》把“正常”（norm）定义为：共同的行为期待，是某种文化里令人满意和适宜的行为。社会学中的“正常”概念通常和角色息息相关，即和一个社会位置相符合的一系列规范。（Marshall，1998：518—519）正常化是西方社会针对旧有的隔离政策及收容所式服务出现的概念与思维的转变，也是康复工作中一个非常重要的议题。受正常化理念的影响，康复工作的重点在于努力协助残疾人重返社会，希望他们能和健全人一样生活。过去，残疾人一直被视为能力弱、贡献少、不幸、依赖性强的群体而遭到社会排斥。通常，他们会被安置在一些机构，而不是和自己的家人住在一起，生活在普通的社区。这种隔离式的康复方法，虽然在节省社会资源成本和提高专业服务质量上效果更佳，但是从长远来看，长期的机构照顾让残疾人远离了家庭和社区，反而会导致他们难以再次融入正常的社会生活。

沃尔夫·沃尔芬斯伯格（Wolf Wolfensberger）在1972年首次把“正常化”定义为：尽量利用一些文化中最常态的方法或途径，协助残疾人建立一些文化中常态的行为及特征。但是这个概念遭到了许多残疾人的质疑，他们质疑为什么要求残疾人迎合健全人的常规，而不是反过来要求健全人适应残疾人的规范呢？残疾人的能力和健全人的能力存在差距是一个事实，客观条件下很难要求残疾人去适应为健全人量身定做的环境。1977年，沃尔芬斯伯格重新界定“正常化”，即利用一些文化上认为有价值的方法，去建立或保持残疾人士在文化上认为是常态或有价值的一些行为、经验及特征等。不过，这个定义中使用的“文化上有价值的行为”也遭到了质疑。其一，“文化上有价值”比“文化上的常态”更模糊、更难界定；其二，正常和不正常之间的界限是否清晰呢？如智商90分及以上就正常，89分就不正常吗？这1分的差距真的有决定性作用吗？

我国残疾人社会工作领域专家马洪路认为，正常化理论可以细分为以服务对象为本和为受助者提供与平常人相似的生活环境两种内涵。第一，以服务对象为本的理念认为，把残疾人标示为“异常”进而和“正常”的健全人区分开来，并采用正常的方法去治疗和修正人们所谓的异常行为是失之偏颇的。社会工作者要避免把正常和异常二元对立的社会价值观强加在康复服务过程中而不自知。第二，提供适宜的生活环境。正常化的根本目的是为受助者提供和其他人一样相似的生活环境，包括让他们回到自己熟悉的社区，积极参与健全人的生活。

二、增能理论

在社会工作领域，由于译者对社会工作者与服务对象之间权力关系的考量，增能被翻译为“赋权”“增权”“培力”等不同词汇。增能是一个多维度的概念，其意义在学术、实践和语言层面各有不同。在学术层面，增能被用于对社会中有权群体和无权群体之间的关系进行理论化分析；在实践层面，增能呈现了弱势群体权能感变化的过程及获得掌控感的结果；在语言层面，从增能这个词的不同翻译就可以看到词汇本身在权力和张力维度上的强弱变化。《牛津社会工作与社会照顾词典》把“增能”定义为“权力匮乏的人们变得有权力的过程，不是掌控其他人的权力欲，而是实现自己目标的权能感”（Harris and White，2013：191）。这个定义指出增能两个关键性的理念：第一，增能不仅是一个过程，也是一个结果，是一种从无助、无力和无能的状态到对自己的生活、目标有掌控感和权能感，有信心的过程；第二，增能不是从弱势、被压迫的群体成为压迫者，也不是因拥有权力而产生优越感，复制压迫性关系，而是在迈向自我实现的目标过程中变得有信心、有力量，有应对问题的能力和勇气。

增能理论和残疾人社会工作实践高度契合，增能理论中的正常化，社会角色的稳定性、反身性与批判性，照顾者与服务使用者导向的实务等关键性概念在残疾人服务领域非常重要。增能理论的核心是权力，残疾人因身心条件的限制，往往面临无权或被去权的状况，并因此遭受社会排斥和压迫。詹姆斯·I. 加顿（James I. Charlton）把残疾人可能遭遇的压迫分为四个层面：第一，政治经济层面。加顿认为，许多学者喜欢用一个纯学术的分析角度去分析残疾人的处境，但是这些概念缺乏残疾人的声音，不能一针见血地指出残疾人在这些抽象的概念背后所承受的与社会政治经济有关的不平等状况。第二，社会文化及价值层面。加顿认为，一个普遍的文化现象是把残疾人塑造为可怜的社会形象，与社会标准或常模不同，处于弱势、受助者的地位。这些观念通过大众媒体、文字、故事等多种方式传播后，会让主流社会形成一个对残疾人的负面社会标签，影响人们对残疾人的看法、与之互动的方式，以及对残疾人资源分配等方面的价值和态度。加顿指出，社会文化本身会随着时空的变化而不断发展，因此对残疾人的偏见和残疾服务等理念也应当增加新的视角和元素，从而改变主流社会过去对残疾人形成的负面看法。第三，错误的意识与疏离。加顿认为，上述主流的社会文化及价值会对残疾人自身造成负面的自我认知，导致他们不断内化主流社会对残疾人的标签，变得自怜、自弃。加顿把这种现象称为错误的意识与疏离，他认为这种错误的意识与疏离的结果就是强化残疾人的压迫感、阻碍对压迫感源头的探寻和削弱残疾人反思自我处境的能力。第四，权力与意识形态。加顿指出，描述残疾人经历的贫穷、社会排斥、自卑等处境而产生的压迫感是相对容易的，但是要仔细分析产生这些压迫感的源头则比较困难。一是这些个人问题内嵌在纷繁复杂的社会结构里难以区分与辨识；二是残疾人既是这些经验的亲历者，又是这些经验的组成部分（残疾人也是社会的一部分）。因此，要超越社会对残疾人消极看法的自动思维，厘清正常和不正常、残疾与健全二元划分背后的复杂脉络，不是一件容易的事情。

三、女性主义理论

女性主义社会工作理论与实务是一种非常新的理论建构体系，于 20 世纪 70 年代末期至 80 年代早期之间，以显著的姿态出现在社会工作学术界。它试图凸显社会工作中女性经验的差异本质，并指出社会工作实务上不恰当的地方——把女性视为其他人的照顾者。（Dominelli，2004）

女性主义理论认为，社会模式没有考虑到性别及残疾程度等因素对残疾人的影响。

尽管社会模式在西方国家掀起了残疾人争取权利的浪潮，但它却把残疾人视为一个无差别的群体，忽略了残疾受到性别、年龄、种族、文化等多种因素的影响而导致残疾人有不同诉求这一情况。因此，女性主义者更关心什么人会成为残疾人的问题。社会模式对上述问题的回答如下：任何因其残损而被其他人排斥的人都会成为残疾人。女性主义者以慢性疲劳综合征（chronic fatigue syndrome, CFS）为例，指出隐藏在疾病中看不见的压迫。虽然患者有残缺的情况，但是肉眼却看不见，因此患者必须面对一个矛盾的处境：①他们需要费力地向他人证明自己身患残疾的事实，以获得对其残疾身份的认可；②当他们被确定为有残疾时，却生活在一个以健全人为主的世界里，遭遇种种困难。此外，患者还需要面对性别的刻板印象。一般而言，女性患者在心理上比男性更容易接受自己的残疾，因为社会主流一直认为女性相较于男性更为依赖别人和脆弱。因此，从表面上看，女性患者似乎更容易让别人接受她们患病的事实进而确认其残疾；但女性主义者认为，这种确认反而让女性患者陷入了更糟糕的处境，即因其性别和残疾导致的双重压迫。

此外，女性主义者还质疑世界卫生组织关于残损、残疾和残障的划分，主要集中在三点：第一，世界卫生组织对残障的定义忽略了正常本身是一个社会文化概念。女性主义者认为，处于某个年龄段的正常性别角色是由社会的价值与观念决定的，同时也与相关的资源分配等因素密切相关。换言之，女性主义者认为残疾本身并不是一个普遍概念，而是一个受到特定文化影响的概念。因此，女性主义者强调，残疾是一种由社会建构出来的身体状况而已。第二，根据世界卫生组织的定义，如果女性的残缺只是让她们不能履行一些和性别无关的事项，那么她们只能被视为有残疾而非有残障。举例来说，如果社会并没有要求女性识字，并认为识字超出对女性角色的要求的话，那么失明妇女缺乏盲文点字的教育机会并不会构成这些妇女残障。因此，女性主义者希望建立一个不以健全和残疾做区分的概念框架，通过把残疾放置回其社会脉络中来理解个人的能力。第三，虽然部分社会人士认为身体残缺必然会导致残疾，但是部分残疾人并不想被视为残疾人。另外，医疗人员或部分公众人士很多时候看不到慢性疾病对患者及其家庭在身心、经济和社会交往等层面的影响。因此，社会如何界定某些情况为残疾，有其文化、经济和心理含义。

小结

本节介绍了残疾人社会工作常用的三种理论。事实上，残疾人社会工作在实际开展康复服务过程中，因残疾类型、地域文化等因素的差异，每一个服务对象都是独一无二的。社会工作者需要根据具体个案和群体的情况，选择最适宜的社会工作理论，为服务对象量身定做实践服务的理论框架，并在服务中不断调整，实现理论和实践的有机整合。

第三节　残疾人社会工作模式

一、生物医学模式（the biomedical model）

生物医学模式是关于残疾的最为熟知的解释模式之一，同时也是历史最为悠久的解释模式。生物医学模式采用客观、清晰以及标准化的测量方式，由医疗专家来定义特征、分析原因、进行预测并制订治疗方案。生物医学模式有两个维度：正常的和病态的。众所周知，生物医学模式主要聚焦于解剖学和生理学，并且使用标准化程序做诊断，此种标准化程序会让不同的专家对同一病例诊断出相同的结果。该模式把残疾视为病态的、异常的和有偏差的。然而，聚焦于病理学和生理学的生物医学模式忽略了个人角色功能和环境需要，导致残疾的社会性因素被忽略，问题被归因于个人，因此修复的焦点也在个人，社会对残疾的建构和反应在该模式中均被忽略。

生物医学模式导致残疾人被物化，被等同为其身体的一部分、一个特别的器官或者是某一种类型的残疾。例如，残疾人被视为“精神残疾”“视力残疾”“孤独症”等。时至今日，尽管医学模式也在不断发展和改善，但仍有许多残疾人认为医学治疗过程让他们感到低人一等，失去了自我价值，对和自己息息相关的治疗过程他们几乎无法拥有掌控权。一些残疾成年人也会因此对自己的父母愤恨不已，责怪父母把他们长期置于医疗及机构化照顾系统中；但事实上，他们的父母也几乎没有其他的选择。养育残疾子女往往会使父母面临在生理康复和生活品质之间做出伦理抉择的困境。

生物医学模式对残疾人的分类导致残疾人有别于非残疾人，并引发了以下争议：第一，在生物医学模式中，医生是一个具有权威诊断的角色。他们对患者身体状况的医疗诊断和相应的安排（如病假、康复治疗等），可以免除患者某些社会角色和义务。不过，很多病人可能出现得不偿失的情况，因为病人在被免除某些社会角色和义务的同时，也失去了平等参与社会的机会。以孤独症患儿为例，确诊为孤独症可以让普通学校教师对患儿的学业表现和行为更为包容；但与此同时，也可能导致其他家长对孤独症患儿随班就读的排斥，剥夺患儿享受公平教育的机会。第二，很多身体有残缺的人在接受医疗服务时，未必需要同时免除个人的日常事务，医疗的贡献往往仅限于药物控制或在疾病的积极阶段介入，而长期的疾病管理责任则落在患者及其家人身上。以血友病患者为例，在患者出血时可以通过注射凝血因子及时止血，而患者及其家庭需要承担日常生活中风险管理和出血后的日常生活照顾等责任。第三，医学模式在理解残疾问题时，用病人的概念来理解残疾人，将残疾视为一种病态或是有异于常人的问题，认为残疾人需要专门的治疗和照顾来恢复正常，因此通过机构照顾的方式把残疾人和社会隔离开来。在医学模式下，康复被视为一个专业治疗过程，隔离式的康复服务是其最基本的形式，如精神病院提供的服务或者长期的住院治疗等。

二、环境模式（the environmental model）

环境模式认为个人所处的环境，包括社会文化环境和物理环境，均会引发、定义或夸大残疾。物理环境和残疾之间的关系是显而易见的，残疾人无法自由通行或出入某些物理空间，因此失去了社会交往、教育、就业和休闲娱乐等机会。尝试回忆一下，你日常出行时是否观察过盲道呢？铺设盲道的砖一共有多少种类型呢？这些不同类型的砖，有什么作用呢？举一个例子：一位肢体残疾人士依靠轮椅出行，如果超市只有步梯或者手扶电梯，而没有升降电梯，那么这就会影响该残疾人士的日常生活购物。因此，环境模式帮助我们跳出生物医学模式对残疾人个体生理层面的视角，看到外在的物理环境也是影响残疾人社会参与的重要因素。2012 年 11 月，《新京报》曾报道过《"最曲折"盲道百米 35 个弯》，某市人行横道的盲道部分因道路弯曲造成盲道曲折，百米内有 35 处"Z"字形转弯。这条新闻不仅直观呈现了物理空间上的"无障碍"变成了"有障碍"，更体现了铺设盲道时设计者和施工方均缺乏无障碍环境的意识，后者反映了环境模式的另外一个层面，即社会文化环境对残疾的看法。

社会文化环境与残疾的关系不像物理环境那样直观可见，但这种隐而不见的环境障碍也会阻碍残疾人的社会参与。例如，唐氏综合征患者会有特殊面容，部分家长因担心孩子面部易被识别为异常，进而遭到旁人异样的眼光或怜悯的询问，所以较少甚至不带孩子出入公众场合。在这个例子中，社会文化环境对残疾人的负面态度阻碍了残疾儿童正常的社会化进程。

简言之，环境模式认为偏见、歧视和污名化并不是残疾的内在部分，而是环境的一部分。这一观点非常重要，它提出了"残疾到底是谁的问题"这一根本性的问题。以精神残疾人士为例，他们的病情可以通过药物干预得到有效控制，进而能够像其他人一样学习、工作和参与社会生活。但是，社会对精神残疾人士的污名化和偏见却成为他们社会参与的障碍。因此，改善残疾人生活的环境，消除环境中存在的物理、社会和文化层面的障碍，才能真正保障残疾人平等参与社会生活的权利。

三、功能模式（the functional model）

功能模式认为，个人的功能会影响对残疾的定义。最常用于解释功能模式的例子是：如果一个人被截去了一根手指，那么这一情况对普通人的影响和对一位职业钢琴师的影响是截然不同的。功能和残疾的关系对于个人而言可能是非常特别的。例如，著名的物理学家斯蒂芬·威廉·霍金（Stephen William Hawking）21 岁时患上肌肉萎缩性侧索硬化症（卢伽雷氏症），全身瘫痪，不能言语，手部只有三根手指可以活动，但是依靠先进的康复设备和护理人员的照顾，霍金仍能如常思考和工作。试想如果另一个人和霍金一样患有肌肉萎缩性侧索硬化症，由于个体功能状态和生活环境的差异，其残疾体验可能会和霍金完全不同。

功能模式与辅助性技术（assistive technology）的出现密切相关，这些技术在支持残疾人有效履行其角色职责方面发挥着重要作用。一位肢体残疾的教授，仍然可以坐在轮椅上传道授业解惑；视力残疾人士可以从事调音师的工作；等等。埃伦 • J. 兰格（Ellen J. Langer）、理查德 • S. 巴什纳（Richard S. Bashner）和本齐恩 • 查诺维茨（Benzion Chanowitz）研究人们对残疾人态度形成的原因发现，儿童具备从功能模式的角度认识残疾人的能力。他们先给孩子们介绍残疾，并和孩子们讨论残疾人能胜任的不同工作；接着给孩子们展示了两张男性新闻播报员的图片，其中一位播报员坐在轮椅上，另外一位没有，孩子们认为这两位男性均能胜任新闻播报员的工作。这说明孩子们能够理解行动不便并不影响新闻播报员的功能发挥。

除了个人的功能角色，社会的功能角色也会影响人们对残疾的界定。在过去主要依靠劳动力的经济形态（如农业、矿业和制造业等）下，认知性残损的残疾人，例如，学习障碍者、轻度智力障碍者可能是成功的劳动者，因为其认知水平对体力劳动表现的影响不大甚至没有。随着社会的发展，信息技术和服务行业的兴起让认知障碍人士的功能限制更加凸显，工作岗位对认知能力的要求限制了他们的就业机会。

简言之，社会的进步和发展对个人的角色要求发生了变化，辅助性技术能够帮助某些类型的残疾人士正常发挥其角色功能，减少或消除残损对个人功能发挥的影响。

四、社会政治模式（the sociopolitical model）

社会政治模式又称为少数族群模式或独立生活模式，该模式代表了残疾界定的激进转向。社会政治模式认为是社会而不是个人造成了残疾。因此，社会应该承担相应的责任。该模式的拥护者宣称残疾人遭遇的诸多困境都是由社会引发的。残疾不是一个私人领域的议题，残疾应被视为社会和政治的建构。当然，该模式并不否认生理因素对残疾的影响，但它强调残疾和残疾人并没有任何遭受偏见和歧视的理由。如果残疾是社会建构的，那么残疾也可以被社会解构。简单来说，社会政治模式有以下六个特点：①把残疾视为一种集体性的关注；②反对生物医学模式；③认为偏见和歧视是导致残疾的原因之一；④倡导包容性的社会而不是要求残疾人接受社会原本的样子；⑤倡导公民权利而非慈善和怜悯；⑥该模式的支持者希望残疾人形成集体身份和政治身份。

小结

本节介绍了生物医学模式、环境模式、功能模式和社会政治模式，每一种模式都提供了理解残疾经验的不同视角和行动方案。生物医学模式关注个人生理层面的改变，环境模式致力于物理和社会文化环境的双向改变，功能模式介入方法的目标在于促进个人的功能发挥，社会政治模式则倡导公民权利和平等的社会地位。尽管生物医学模式因把问题归结于个人而遭到质疑，但是生理和器官功能对个体行为及职业选择的限制的确是不可否认的，如我们不能要求视力残疾人士去从事驾驶员的工作。时至今日，没有任何一个单一的模式可以完全解释残疾现象，社会工作者需要不断地比较不同模式之间的异同，以便更准确地理解不同类型的残疾人在不同处境的经验。

思考题

（1）请穿上一双鞋底较薄的鞋，在盲道上行走，看能否通过脚底感知盲道的指引。你在行走过程中是否有遇到障碍？若有，请记录下这些障碍并思考其原因和改善策略。

（2）阐述理论和模式的概念及其关系。

（3）结合具体案例，介绍残疾人社会工作领域常用的理论。

（4）结合具体案例，介绍残疾人社会工作领域常用的模式。

第四章　残疾人及其家庭的处境及社会工作服务

学习活动

（1）结合家庭社会工作的知识，尝试列举出残疾人家庭和普通家庭三个相同和不同的需求。

（2）回想你在家庭社会工作中学习的理论，列举其中一至两个理论，分析其在残疾人家庭中的适用性。

第一节　家庭系统视野下残疾人及其家庭的需求

一、家庭面对残疾时的反应

有关家庭面对残疾新生儿情况的研究文献很多，其中比较常见的是伊丽莎白·库伯勒-罗斯（Elisabeth Kubler-Ross）的研究。库伯勒-罗斯是一位出生在瑞士的精神病学家，在芝加哥大学附属医院开始系统地研究死亡及其过程，她提出的死亡五个阶段包括：否定和孤立、愤怒、讨价还价、抑郁、接受。这五个阶段也被用于解释家庭接受残疾新生儿经历的过程。

（一）否定和孤立

在最初的阶段，否定和孤立是残疾儿童家庭成员[①]最常见的反应。这一阶段，家庭成员会震惊、不敢相信和情感麻木。在较短的一段时间内，否定提供了一种健康的防御机制，有助于缓解残疾儿童家庭当下痛苦的情绪。作为一种缓冲机制，否定让残疾儿童家庭的悲伤得到一定程度的缓解，从而使他们有勇气面对现实，以调动其他相对缓和的防御机制。因此，家长得知新生儿残疾事实后的一些反应，可视为一种缓冲危机的自我保护机制，社会工作者明白这一点非常重要。例如，新生儿父母反复要求医生为孩子重新做检查，认为孩子不可能残疾，一定是医生弄错了。这些反应在这一阶段都是“正常”反应，它们为残疾儿童父母提供了一个缓冲空间，使他们不至于突然崩溃。社会工作者不能去否定残疾儿童父母的“否定”，不应过早提醒他们要认清孩子残疾的事实，要明白这是父母接受孩子残疾事实的第一阶段。因此，社会工作者的无条件接纳和陪伴在最初阶段尤为重要。

（二）愤怒

愤怒让人们有机会表达对不能接受的事实的厌恶之情。常见的情况是，愤怒会被转移到亲人和其他可能的利益相关者的身上。这种转移其实不是针对某一个人，而是一种对不能应对的苦闷的呐喊。残疾新生儿的降临，常常会导致夫妻双方，甚至是双方的家庭开始找寻孩子致残的原因，如妻子怀孕时的饮食习惯、吃的营养品及房屋装修等各种可能的理由，一旦有一个看似合理的归因便会导致家庭成员之间的矛盾。尤其是当医学研究确定某些残疾是母系或是父系的遗传性疾病时，一方的自责、内疚和另一方的愤怒、压抑会更为明显。有时候这种愤怒会被转移到专业人士身上，残疾儿童的家庭成员会质问医生为什么不能在产前检查阶段预测孩子的残疾，或是指责医生告知配偶孩子是X或Y基因的遗传性疾病导致夫妻双方离婚等。

---

① 本节暂时用“家庭成员”整体描述家庭中不同的角色，因为不同角色对残疾儿童的反应是不同的，下一节会细述不同家庭成员的不同反应。

（三）讨价还价

这个阶段，残疾儿童家庭成员往往会产生一些不切实际的幻想，主观地期待奇迹发生，或认为某些行为会带来意想不到的转机。他们可能会去尝试任何他们认为可以改变事实的事情。典型的例子是参加一些祈福活动，定期放生或行善事，认为累积善行就可以改变孩子残疾的事实。尽管理性上社会工作者明白这些善行对改变孩子残疾的事实毫无助益，但是从优势视角来看，社会工作者一定要理解“讨价还价”的阶段表明残疾儿童家庭已经克服了否定和愤怒等负面情绪，开始尝试用实际行动来寻求改变。无论这种改变是不是奏效，至少他们在寻找问题的应对策略。社会工作者切忌认为上述行为是“非理性信念”而对这些做法展开对质，这样做的结果不仅会破坏专业关系，更会让正在慢慢接受孩子残疾事实的父母感到挫败。

（四）抑郁

抑郁的特点是巨大的失落感。它包括两种类型，即反应性抑郁和准备性抑郁。反应性抑郁侧重于陈年旧事不再，并且伴随着内疚和羞愧；准备性抑郁则考虑了所有即将发生的失去，如自我的失去、关系的失去、所知所爱的失去等。当残疾儿童家庭成员意识到愤怒不能改变事实，而又看到将来可能会面对的种种问题时，失望及失落的感受随之而起。对于残疾儿童的家庭成员来说，准备性抑郁特征会更为明显。每个家庭都期待迎来健康的新生儿，面对新生儿的残疾，父母常常会手足无措。在这一阶段，父母对养育一个残疾孩子可能会带来的夫妻关系、家庭关系、社会关系，以及照顾孩子、自我发展、经济压力等扑面而来的问题和挑战感到焦虑、失落和挫败。

（五）接受

接受并非一个结果，而是一种过程。在接受的状态下，父母才有机会考虑如何养育一个残疾孩子和面对未来可能遇到的挑战。当残疾儿童家庭成员开始能以较平和的心境讨论孩子的问题，或能在教养中平衡保护与自主，或能与专业人员合作制订一些训练目标，或能开放自己与他人进行接触，等等，则表明他们已经开始接受孩子残疾的事实。不过，社会工作者需要注意的是，接受并非一个最终稳定的状态。尽管理论上残疾儿童家庭已经接受了养育残疾孩子的事实，但是现实养育过程中的很多困难是家庭难以预期的。因此，即便在这个阶段，残疾儿童的家庭成员可能会再度体验前几个阶段的负面感受。通常，新入职的社会工作者遇到这种情况会有挫败感，怀疑个案的服务成效。事实上，社会工作者应当认识到，即便服务对象在接受阶段再度经历愤怒等负面情绪，这也不意味着服务成效的倒退。由于社会工作者陪伴服务对象走过了前面的不同阶段，累积了养育残疾儿童的经验，这些负面情绪可以被视为养育残疾儿童不易的正常反应。

值得注意的是，以上的阶段并非循序渐进，服务对象不一定经历前一个阶段才会进入下一个阶段，有的时候可能在否定和讨价还价之间不断循环，很可能中间还夹杂着愤怒的情绪。因此，社会工作者需要明白上述理论仅仅是为实务工作提供一个行动指引，而不是金科玉律，更不是社会工作者区分残疾儿童家庭成员表现“正常”和“不正常”、“理性”和“非理性”的标尺。

二、残疾事件对家庭的影响

家庭是社会的细胞，具有多重社会功能。这些功能包括繁衍后代、提供社交场所、促进社会化、实现经济合作、提供照顾与保护、建立亲密关系等。（Schwartz and Scott，2002）家庭成员如果出现残疾，无论是从纵向维度（家庭生命周期）还是横向维度（家庭系统和结构），都会导致这些家庭和普通家庭有不同的经历和体验。周月清梳理了西方残疾人家庭的实证研究，建构出理论模型，如图 4-1 所示。针对有残疾子女的家庭，其自变量包括：①残疾子女的特质，包括年龄、残疾程度、残疾类别、照顾的类型；②父母的特质，包括父母的年龄、受教育程度、认知、因应行为、身心健康程度、控制方式和宗教信仰等；③家庭的特质，包括家庭的社会经济地位、种族、形态、氛围、功能、事件的累积、资源、社会支持等。针对有残疾子女的家庭，其因变量包括：家庭的压力程度、父母的失落、夫妻婚姻的适应、家庭功能、因应结果、家庭适应及社会资源的使用等。

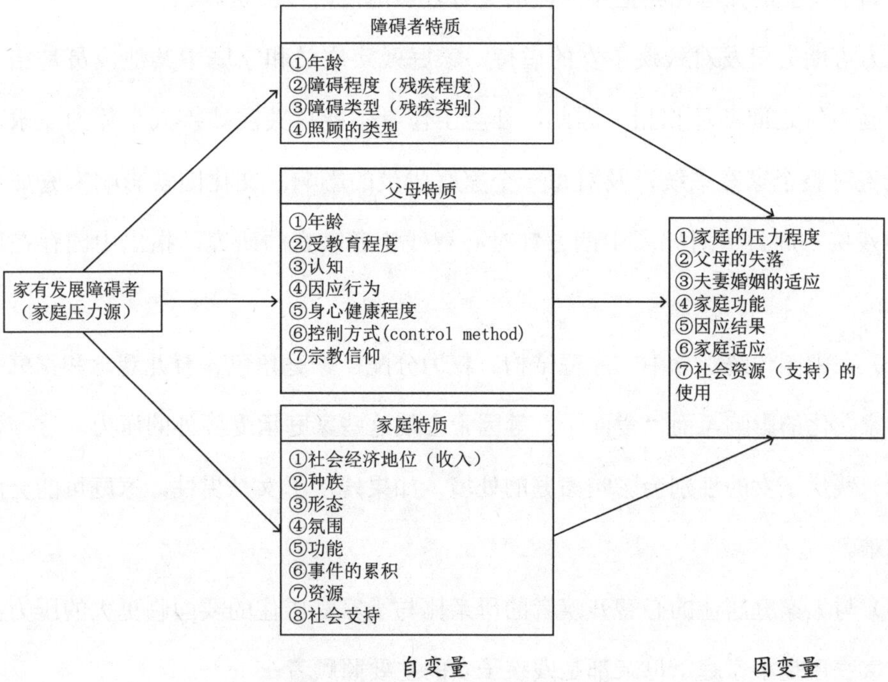

图 4-1　西方发展障碍者家庭实证研究建构的理论模型（周月清，1998）

根据上述自变量和因变量，周月清归纳了六个一致性的发现：

（1）母亲是这些家庭中最大的牺牲者和受害者，而单亲母亲又比那些双亲家庭的母亲要受到更大的影响。

（2）这些家庭之间存在显著的个体差异，每个家庭面临的压力程度各不相同，主要影响因素包括残疾人个体特征、父母特质及家庭自身特点的差异。

（3）社会支持是一个重要的中介因素，会影响这些家庭或母亲的压力程度。这种社会支持包括家庭内外的支持、同辈群体的支持、大家庭的支持，尤其是来自配偶的实质性和情绪上的支持，如夫妻之间是否能分享感受、共同做决定以及互相有归属感等。

（4）父母双方共同参与、相互配合并提供特别支持，是最直接有效的支持方式。

（5）早期介入去协助这些家庭，是避免家庭产生问题的最好办法。家庭支持性服务包括喘息服务、以家庭为中心的个案管理和其他入户服务，可以增强家庭的应对能力。

（6）残疾子女的年龄不仅会影响家庭的压力程度，还会影响家庭对社会资源的使用情况，如学龄前的父母比其他年龄段的父母较多地使用社会资源。

压力可能会引发对残疾子女的虐待。家庭残疾成员和家庭中其他成员是相互影响的，家庭系统之间环环相扣。因此，社会工作者不能只关注残疾人个体的需求，还要看到残疾对整个家庭系统以及对每一个家庭成员的影响。文化因素影响家庭如何看待子女的残疾。周月清对比了中西方针对心智残疾者家庭的研究，指出中国存在以下不同之处：

（1）在中国传统观念中，家庭结构、权力分配、家庭角色、育儿观念和家庭关系都深受儒家文化的影响，而“爱面子”等因素会使这些家庭承受额外的压力。

（2）残疾子女的性别会影响家庭的处境，如果残疾子女是男性，家庭可能会面临更多的困难。

（3）与大家庭居住的心智残疾者的母亲比与小家庭居住的要面临更大的压力；但无论是大家庭还是小家庭，母亲都是残疾子女的主要照顾者。

（4）母亲对残疾子女身体上的照顾比父亲多，而父亲可能会因为比母亲更重视面子而有比较多来自家庭和社会的压力。

（5）中国社会在养育孩子时抱有的对孩子成龙成凤的期待，会给这些家庭带来压力。

（6）对中国人而言，丢脸或没有面子是失败的社会表现。家庭有一个残疾子女往往被认为是不成功的体现，对家庭而言是一种污点或是对不起祖先。

因此，社会工作者在针对残疾人及其家庭开展服务的时候，不能只聚焦于服务对象本身，还需要有系统的视角，看到残疾人的家庭内部各个系统的关系，以及家庭之外的中观、宏观系统的因素如何影响家庭养育残疾子女。

三、家庭系统的重要假设

家庭对个人而言是非常有影响力的环境，个人在家庭中成长发育，直至长大成人。因此，当社会工作者为残疾人提供服务的时候，其视野必须超越个人，了解家庭的其他系统和家庭情境。

家庭系统中的以下六个核心元素对理解残疾人及其家庭是非常重要的。

（一）家庭的整体大于其部分的总和

有一个隐喻可以帮助我们了解这个观点，一支美妙的乐曲是由音符组成的，这些音符分开了就毫无意义，但是组合在一起成为旋律，每个音符和不同的音符组合在一起又成为不同的旋律。同样，家庭成员之间的互动（家庭旋律）创造了一个实体，这个实体大于每一个独立的家庭成员。家庭深深地影响着残疾成员的发展、认同、角色、信念和行为。社会工作者在为残疾人家庭服务时，要观察家庭成员之间的互动，当残疾成员有需求的时候，父母和手足如何回应他们，而他们对家庭成员的回应又有何反应。

事实上，残疾人对残疾身份的理解，最早是从家庭成员，尤其是从父母那里习得的。英国残疾人运动员坦妮·格雷-汤普森（Tanni Grey-Thompson）曾经参加过五届残疾人奥林匹克运动会，共获 11 枚金牌、4 枚银牌和 1 枚铜牌，在她的运动生涯中，一共创下了三十多项世界纪录。1969 年出生于英国威尔士的坦妮患有先天性脊柱裂，腰部以下瘫痪。她 7 岁时因脊柱断裂做了一个大手术，之后坐上轮椅。她提到自己小时候，父母从来不会告诉她可以做什么，不可以做什么。因为她很强壮，父母便鼓励她进行体育锻炼。坦妮曾说："残疾这件事情不会让人止步不前，重要的是人的内心。"

（二）家庭试图在变动和稳定之间取得平衡

为了生存、维系家庭的运作以及实现成长发展，家庭系统需要稳定性、规律性和一致性。许多家庭表面看起来很稳定、平静，但要维系这种稳定并不是一件容易的事情。这里有一个比喻，家庭就像鸭子划水，表面上看起来平静悠闲，但是水底下的两只脚却在拼命拍水维系平衡。首位提出稳定状态概念的是唐纳德·德拉蒙德·杰克逊（Donald Drummond Jackson），他发现精神病患者的家庭在患者好转之后会走下坡路。他认为家庭行为以及因此产生的精神疾病都是稳定机制的作用，好让被干扰的系统恢复微妙的平衡。

家庭的危机会扰乱其稳定状态，残疾子女的出生会打破家庭原本的稳定，需要所有家庭成员做出相应的调适。家庭面对危机的一个典型反应是否认和抗拒那些由于危机引发的改变。社会工作者需要明白这种否认和抗拒反映了家庭维系平衡和稳定的内在需求。例如，尽管孩子已经被医生确诊为残疾，但许多家庭仍然带着孩子四处求医，甚至是去尝试一些道听途说的无效治疗方法。社会工作者在与这些家庭一起工作时，要能够理解家庭想要重新恢复到残疾孩子出生前的平衡状态的愿望。在家庭看来，只有孩子治愈了才能重新回到过去稳定的状态。当然，在陪伴家庭走过这一段艰难的抗拒阶段后，社会工作者需要帮助家庭在接受孩子残疾事实的基础上重新找到一种稳定状态。值得注意的是，在家庭经历危机后重新恢复平衡的过程中，家庭成员容易把问题归咎于残疾孩子。例如，为了全程陪伴轻度智力障碍的女儿，母亲辞掉了全职工作，独自在家成为主要照顾者，婚姻关系的破裂、婆媳关系的恶化和社会交往的萎缩全部被归结为常年需要照顾孩子。照顾者的负向情绪也是造成患儿负向自我认同及内疚感、自责感、负担感的原因之一。

（三）一位家庭成员的改变会带动其他所有家庭成员的改变

家庭中一个家庭成员的改变会影响到其他家庭成员，当一位家庭成员开始改变时，其他的家庭成员可能会抗拒改变以维系家庭系统的平衡。例如，当上述全职照顾残疾孩子的母亲计划重新找一份工作，希望其他家庭成员共同承担照顾残疾孩子的责任时，家庭系统的平衡会被暂时打破。如果其他家庭成员拒绝承担照顾责任，认为由母亲来照顾孩子在照顾质量、安全性和家庭经济收入情况等方面都是最佳状态，那么家庭可能会恢复到之前由母亲承担主要照顾责任的状态。不过，也有另外一种可能性，当家庭成员共同商量照顾残疾孩子的照顾方案，看到长期处于焦虑、抑郁状态的母亲需要通过一份工作重新融入社会，由不同的家庭成员力所能及地分担照顾残疾孩子的责任时，家庭的原有平衡就会被打破。可能在一段较长的时间内，家庭成员会手忙脚乱，难以适应新的家庭安排，但经过一段时间的磨合后，会建立一种新的平衡。这种新的平衡可以帮助母亲摆脱单一的照顾者的角色，在家庭成员的支持下通过工作重返社会，从而实现自我价值。

（四）家庭成员的行为最好以因果循环来解释

家庭通常是以可预测和模式化方式来运作的，从某种角度来看，这些模式是维持家庭平衡和稳定状态的习惯，它们有助于使日常事务和互动具有可预测性。同时，家庭沟通模式是双向和相互增强的。换言之，家庭中一个人的回应会影响另一个人的回应，最后这些回应会固定成为两人间一种可预测和模式化的交流方式。因此，社会工作者的首要任务是要寻找和分辨家庭内部沟通的重复模式，这个模式被称为循环因果。循环因果描述了这样一种情况：事件 B 影响了事件 A，事件 A 反过来又影响了事件 B。

例如，母亲辅导轻度智力障碍的孩子写作业，反复教了很多遍孩子都不能理解，母亲认为孩子不专心、不努力，甚至最后归因于孩子智力问题而不能理解题目。在这个过程中，母亲经历了期待、愤怒直至最后失望的情绪，孩子看到母亲焦虑和暴躁的情绪后，便很难专心在题目本身，会认为自己很笨不能满足母亲的期待，最后导致学业表现不佳。孩子的学业表现不佳，又会进一步让母亲感到挫败和失望。当家庭成员之间的互动是负面的且会伤害到家庭成员时，社会工作者就需要干预。如果社会工作者可以帮助上述案例中的母亲采用不同的方式，而不仅仅是用语言的方式来辅导孩子，那么孩子的学习效果可能会发生改变。例如，采用身体示范、听音乐等方式帮助孩子理解学习的知识，并且在孩子不能理解时找到更合适的处理自我情绪的方法，可能会改变母亲在辅导孩子学业时的状态。

（五）家庭包含了许多次级系统

家庭系统在各个系统内部形成了多层次的系统结构，每个次系统形成一个整体，同时又是更大整体的一部分。家庭里包括夫妻系统、母子（女）系统、父子（女）系统、手足系统等次系统。界限是一种象征性的线条，区分谁在特定的系统或次系统之中。健康的家庭有清楚而富有弹性的界限，足够开放以便在有需要的时候既吸收新的想法、灵感和资源，又足够封闭让家庭保持认同感和意义。

对于残疾人家庭而言，把握家庭与外部环境的界限往往较为困难，尤其是那些孩子残疾特征不明显，但在与外界互动时就会显露残疾事实的家庭。对这些家庭而言，在满足孩子的社会化需求与应对外界知晓残疾后的异样态度之间保持平衡，是一个非常大的挑战。例如，一位因出生缺氧导致发育迟缓的孩子，父母一直在家中照顾他，极少带他到社区和其他孩子互动，也不告知旁人孩子的情况，家庭系统与外界的边界十分清晰。这一方面一定程度上避免了父母在旁人因好奇不断询问时产生的负向感受；但另一方面，随着孩子不断成长，也较难获得邻里和社区的支持。

（六）家庭运作遵循固定的原则

家庭规范决定了家中允许和禁止的事情。家庭规范不像社会工作者开展小组工作时制订的小组规范，是书面的。家庭规范是内隐且大多数时候是未言明的。家庭规范往往决定了家庭成员允许做哪些事情，决定了行为模式可被接受或不可被接受。例如，在家庭规范中，如果父母认为残疾的孩子是家庭中最弱势的一员，所有的家庭成员都要保护、关爱和照顾他，那么对残疾家庭成员无条件的包容也许就是这个家庭隐而不见的家庭规则。这个规则很可能会影响到成年以后健全手足对残疾手足的态度，在原生家庭成长的过程中健全手足已经内化了照顾残疾手足的责任，因此在其成年后也会尽己所能为残疾手足提供关爱和支持。

家庭中可能发生两种改变：初级改变和次级改变。初级改变是一位家庭成员的行为有改变，但主宰家庭的规范不变。它只是改变了家庭行为和互动的表层。初级改变意味着人们或多或少做了某事，但是这种形式的改变不持久且不会带来家庭结构的改变。次级改变是规范改变了，人们发展出理解他们家庭生活的新方式，涉及态度、行为和彼此互动规范的改变。这种形式的改变本质上涉及改变家庭结构，在此过程中，家庭运作方式也改变了。如果一位因长期照顾孤独症患儿而疲惫不堪、长期发脾气的母亲，去看医生时被告诫要注意情绪管理，否则身心健康都会受到损害，之后这位母亲逐渐减少发脾气的频率。这个改变属于初级改变，因为这种改变对长期照顾孤独症患儿而产生的消耗和负面情绪并没有实质性影响。但是，如果这位母亲因为参加了一个孤独症患儿家庭互助小组，她开始真正接受孩子患孤独症的事实，明白自己并不孤单，和一群有同样经历的家长一起彼此支持并为孤独症做社会倡导，也很少发脾气，并积极参与到患儿康复和为孤独症群体倡导的公共事务中时，这样的改变就是次级改变了。从原本的“忍受”到“接纳”和“改变”，甚至影响其他家庭成员参与到消除对残疾人士歧视的社会倡导活动中，如前所述母亲的改变也会带动整个家庭的转变。

第二节 残疾人家庭次系统及其受残疾事件的影响

一、父母与残疾子女

（一）专业人士眼中的残疾儿童父母

养育（nurturing）和生育（reproduce）不同，父母养育子女并不是一件自然而然的事情。做父母本身就是一件不容易的事情，更不用说做残疾儿童的父母。在回顾过去两百多年的自述性资料后，菲利普 · M. 弗格森（Philip M. Ferguson）等学者得出的结论对社会工作者而言，可谓是醍醐灌顶。他们认为专业人士告知父母孩子是残疾时，焦点集中在对残疾事实的陈述，而忽略了父母在其中的感受。（Ferguson，2001）弗格森梳理了关于父母如何适应家有残疾子女的文献，发现这些文献主要聚焦两个方面：一是分析父母反应的性质，并将其分为态度上的反应和行为上的反应；二是分析导致上述反应的原因，发现父母的反应主要受价值观念及环境等因素的影响。根据对这两个维度的分析，弗格森等学者将残疾儿童父母的表现分为四种类型，如图 4-2 所示。

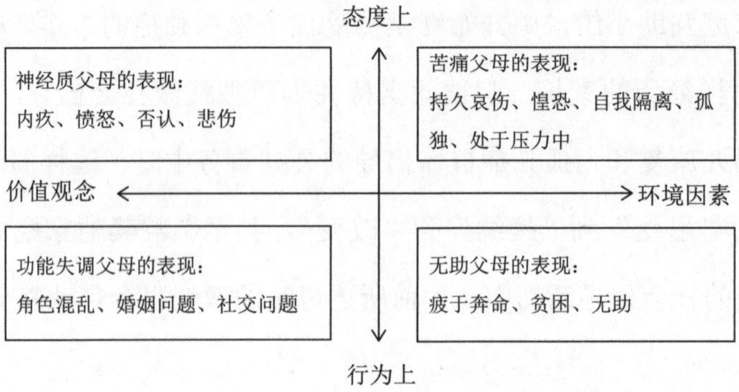

图 4-2 专业人士眼中残疾儿童父母的表现

第一种类型是心理动力角度下“神经质的父母”，其表现包括内疚、愤怒、否认和悲伤。借用心理动力理论的词汇，弗格森对父母的表现有如下解释：①父母对专业人士的不满是父母对残疾子女的事实感到悲愤的投射；②父母的被动参与或无动于衷的态度是父母否认子女残疾事实或内疚的表现。社会工作者在实务工作中应敏感地察觉到，这些负向反应既是残疾儿童父母自我防御机制的表现，也是他们向专业人士发出的求助信号。

第二种类型是行为角度下“功能失调的父母”，其表现有角色混乱、婚姻问题和社会交往问题。和心理动力角度相比，行为角度把焦点从残疾儿童父母的心理反应层面转到了行为表现上。从积极的角度来看，行为角度从“父母是‘问题’”转到“父母是问题的解决者”，认为只要父母学习相关的知识和技巧，就可以协助专业人士解决问题。它从帮助父母解决心理层面的问题到对父母进行能力建设，让父母学习解决问题。不过，从消极的角度来看，行为角度有意无意地把家庭变为训练中心，增加了父母的训练者角色，更容易造成他们精力的耗竭。另外，当部分父母没有能力掌握有关专业知识的时候，反而会增加他们的无助感。

第三种类型是社会心理角度下“苦痛的父母”，其表现包括持久哀伤、惶恐、自我隔离等。社会心理角度强调父母的情绪状态与环境因素之间的互动关系。从这个角度来看，内疚、愤怒和否认等心理活动词汇被新的词汇所取代，变为压力、孤独及持久性哀伤。介入的焦点从亲子间的双向关系转为处理家庭系统的问题。心理动力角度和社会心理角度的重要差异在于：前者认为父母的悲伤等反应是自我防御机制，并把持久性悲伤视为一种病态表现；后者则认为持久性悲伤是正常可接受的自然反应，若父母完全没有哀伤，才是需要关注的问题。

第四种类型是社会政治角度下“无助的父母”，这一类父母疲于奔命、贫困和无助。从社会政治角度来看，父母对残疾事件的反应始于20世纪70年代残疾人士运动时期，与前面三个角度不同的是，该角度主要以特殊父母对自身处境的自述为蓝本，而不是以学者、专业的视角或是研究的视角为主导。社会政治角度重视阶级与服务质量之间的关系，指出低下阶层的人士所得到的服务质量与富裕家庭相比较差。因此，父母对残疾子女的问题的反应受社会环境的影响，并不是个人固定的心理反应，它反映了社会资源和家庭适应能力之间的关系。社会政治角度淡化了父母因为残疾子女而承受的道德指责，该角度不仅关注家庭如何面对残疾儿童的问题，更倡议社会承担起协助特殊家庭面对残疾儿童的责任。

（二）残疾儿童父母面对的挑战

每个母亲在怀胎时都期望生出一个健康的孩子，残疾儿童的出生对家庭而言无疑是一个意外的打击。没有任何父母会对即将出生的孩子有残疾的心理预期，因此与健全儿童的父母相比，残疾儿童的父母会面临如下挑战。

1. 心理打击

对父母来说，得知自己刚出生的子女是残疾这一事实所造成的严重心理打击用震惊都难以准确描述。每对父母在等待新生儿出生的过程中都充满了殷切的期待，加之现代医学的进步，产前会对常规的一些残疾类型做检查，如唐氏综合征的筛查。父母虽然也担心新生儿的健康状况，但是几乎不会为孩子出现残疾或重大疾病的情况预留心理空间。米尔顿·塞利格曼（Milton Seligman）和罗莎琳·本杰明·达林（Rosalyn Benjamin Darling）借用社会学失范的概念来形容这些父母在面对新生儿残疾这一事实时的无助感以及意义失衡的感受。

2. 负向自我感受

社会对残疾仍存有偏见，而残疾儿童父母也是社会大众的一部分，在面对孩子残疾这一事实之前，他们或多或少也内化了对残疾的负面认知，进而影响他们对养育残疾子女意义的建构。残疾儿童父母常常会出现自怜、自怨和自责等感受。里奥·毕加利亚（Leo Buscaglia）认为自怜与父母对子女的期望落空有关。每对父母在潜意识中都期望子女长大成人后有所建树，子女成为残疾的事实让父母觉得这个期望落空，因此产生自怜之情。自怨和自责的情绪往往源于父母对子女残疾原因及其深层责任归属的认知。如果子女的残疾涉及遗传因素，那么会加重父母的自责感和内疚感。

3. 人际层面的难题

从怀孕到新生儿的出生，都是让人期待和欢喜的事情。当孩子出生后亲朋好友会询问孩子的情况并表示祝贺，但残疾新生儿的父母则要在短时间内同时应对极具挑战性的诸多问题，孩子的治疗、老一辈的压力、亲朋好友的询问都会让残疾新生儿的父母陷入重重困境。社会工作者需要敏感地察觉到，亲朋好友的关心能为这些父母提供情感关怀和支持，但同时也会给这些父母造成心理压力。这些父母在一遍遍陈述残疾儿童事实的过程中，可能会加剧对残疾的负面理解，强化自怜的叙事建构。

4. 角色建构问题

社会角色理论认为，人们在扮演某一种社会角色的时候，首先遇到的就是社会或他人对这一角色的期望。与此同时，角色扮演者需要对自己的角色加以认识、理解，并选择合适的表现方式进行表演。（郑杭生，2013）但是，对于残疾儿童的父母来说，他们缺乏学习扮演特殊父母的途径，进而会影响他们对这一角色的认识、理解，阻碍他们胜任该角色。大家可以尝试到书店去翻阅关于养育孩子的书籍，极少有教导残疾儿童的父母如何教养孩子的书籍。即便是有，似乎只是为专业人士所用。父母在备孕的过程中即便是有机会接触也不会阅读，因为生育残疾子女被视为不可能发生的事情。

5. 照顾及教养问题

照顾健全孩子不是一件简单的事情，需要父母甚至是其他照顾者投入大量的时间和精力，照顾残疾儿童更是苦心竭力。普通父母照顾孩子可以向有经验的亲朋好友咨询，如如何应对孩子发烧、入学、社会交往等问题；但是对残疾儿童父母来说，残疾孩子成长过程中面临的问题可能会和健全儿童有差异。以入学为例，他们会面临入读普通学校或是特殊学校的选择。残疾儿童的父母在孩子社会交往方面也会面临是否告知其他人“孩子有残疾”这一事实的尴尬处境。

（三）残疾儿童父亲的经历

既然上面已经讨论了残疾儿童父母面临的挑战，为什么这里还需要特别讨论残疾儿童父亲的经历呢？残疾儿童父亲和母亲的经历有什么不同吗？由于分工不同，母亲常常是残疾儿童的照顾者，父亲常因承担养家糊口的责任而缺席孩子的康复训练和医疗检查等过程，因此研究者能够接触到的研究对象大部分是母亲，这就导致在研究中母亲的声音替代了“父母”的声音。基于以下原因，本章单独讨论残疾儿童父亲的经历非常有必要：第一，父亲的角色对残疾儿童的养育和健康发展与母亲的角色同等重要；第二，从社会性别的视角来看，残疾人社会工作的研究者和实务工作者都要避免出现“性别盲视”（gender-blind），父亲在面对残疾儿童时并非没有感受和应对策略，只是因性别差异和家庭分工，他们有不同的表达方式；第三，父亲若能更积极地参与康复过程，对残疾儿童的成长及家庭的稳定更有所助益。

有关残疾儿童父母，尤其是父亲养育残疾孩子的经验这一经典且颇有价值的研究来自唐纳德 • J. 米亚（Donald J. Meyer），他按照家庭生命发展模式梳理了有关父亲与不同年龄残疾孩子的经验性资料，这项研究成果是社会工作者在开展研究和实务时的重要参考。详见表 4-1。

表 4-1　残疾儿童父母在不同家庭生命阶段的挑战和父亲的经历

阶段	父母主要发展事务 / 转变	父亲的主要经历
家庭的开始	●成立新家庭时，夫妇需要面对各种适应问题，包括住房条件、经济收支、情绪管理、沟通模式、分工情况、社交关系网等	●家有残疾孩子可能成为一个导致夫妻关系破裂的重要因素。因此，若父亲能在这个阶段与母亲积极建立亲密互信的关系，有残疾子女这一问题对婚姻造成的打击将会降低

续表

阶段	父母主要发展事务 / 转变	父亲的主要经历
怀孕期	●若在怀孕期，检验发现胎儿不正常时，父母可能要面对人工堕胎的抉择及堕胎后的心理创伤	●父亲需要面对妻子在人工堕胎后的悲伤。原本，他们是共同期盼孩子的出生及分享当中的喜悦的；现在，父亲则需要与妻子共同面对失望及陪伴妻子度过失去孩子的哀痛时期
孩子出生期	●调整由于以往的父母亲角色期望而出现的差异及重新界定自己为人父母的角色 ●根据孩子的特别需要做出家庭的角色分工 ●共同应对家庭内部与外部对残疾孩子的询问	●对事件感到失落与失望 ●孩子的特殊需要使父亲心力交瘁 ●特殊孩子的性别也影响父亲的反应。通常，残疾孩子是男孩的话，对父亲的打击会更大
学前期	●进入学前期，孩子将从一个被照顾的个体发展成一个较独立的个体。这时候，他需要学习很多基础生活技能，如自行进食、如厕、语言表达、与人相处、建立日常生活规律等。对于特殊孩子来说，上述种种技能需要长期的康复训练才能习得 ●这些训练内容需要专业人士的介入和指导。对于特殊父母来说，教育孩子已变为一个新的学习范畴，而非一些从固有生活中累积的经验	●与母亲相比，父亲对孩子因外表或残疾的标签而使家庭出现的负面形象更为敏感 ●父亲较关注残疾子女的未来问题，如经济及独立问题等。与母亲相比，父亲视家有残疾子女的事件为一个现实危机（actual crisis），他们考虑的是一些与现实生活有关的问题，如经济、子女成就、子女独立等问题。相反，母亲则视家有残疾子女的事件为一个情感危机（emotional crisis），她们关注教养子女所承受的心理压力、子女的人际关系问题以及子女的幸福等事项 ●与母亲一样，大部分父亲也希望子女的残疾情况有所改变，只是他们不知道如何入手而已

续表

阶段	父母主要发展事务 / 转变	父亲的主要经历
在学期	●在这个阶段，部分父母要面对选择主流教育或特殊教育的矛盾。假若孩子是严重残疾的话，父母面对的是别无选择的处境，孩子必须入读特殊学校。家庭及孩子因而需要背负“特殊”的标签 ●对于轻度残疾的孩子的父母来说，他们一方面担心孩子在主流学校受到排挤，另一方面又担心特殊学校可能带来的负面标签。因此处于两难的境况	●残疾的表征越明显，父亲的接纳程度越低 ●残疾程度越低，父亲的接纳程度越高 ●儿子的年龄越大，父亲的接纳程度越低 ●父亲对长子（女）的残疾接纳程度相对较低 ●当孩子的年龄较大时，部分父亲的失落感及心理压力也会随之减轻，更有部分父亲对孩子及妻子有较正面的评价
青少年期	●对于健全孩子来说，青少年期是生理成熟期，他们需要面对一连串的生理及心理转变。对于残疾孩子的父母来说，这些转变使他们面对另一种新挑战	●在青春期，孩子的生理发育与智龄的差异更趋明显，再加上残疾子女可能出现的性危机，使特殊父母需要承受很大的心理压力。对于父亲来说，前述的种种负面感受可能因而加剧
成年期	●对于健全孩子来说，这是一个离开家庭，建立自己事业及家庭的新阶段。对于残疾孩子来说，部分需要离开家庭，接受机构服务 ●对于普通家长来说，这个时期是一个在经济上和照顾上较轻松的时段。子女成家立室，父母开始减轻在教育及照顾上的负担。但对特殊家长来说，在这一阶段可能仍然需要持续照顾残疾孩子，甚至是他们的家庭	●照顾的负担可能因子女入住机构而减少，但经济负担则未必如此。面对自己日渐年老，但子女未有独立能力的事实，父亲对未来的忧虑渐渐增加 ●残疾子女离家进入机构时，虽在一定程度上减轻了父母的照顾压力，但从另一方面来看，父母却因失去多年来的照顾角色而产生另一种失落感

续表

阶段	父母主要发展事务 / 转变	父亲的主要经历
中年期	●对于普通家庭来说，家庭的中年期始于所有子女离开家庭发展自己的事业或建立自己的家庭。而父母亲也开始进入（外）祖父母的角色，享受儿孙之乐。但对于特殊家庭来说，这可能是一个无限期延迟的阶段，因为残疾子女基本上需要继续依靠原生家庭的某些照顾	●本来，作为家庭经济支柱的父亲，这个时期是一个较轻松的时期。子女长大，减轻了经济压力，自己也仍有工作，可以感受自己存在的实在感。对于残疾子女的父亲来说，子女的未来生活安排使其感受到很强的心理压力
老年期	●老年期的特征是父母退休，并面对配偶离世及自己的暮年。对于特殊父母来说，他们还需要顾虑自己离世后残疾子女的生活及照顾问题。另外，他们已开始不能亲力亲为地照顾残疾子女，需要依靠其他子女负起照顾的责任了。这个情况可能会影响亲子之间的关系，令双方的关系紧张	●退休期本来是父亲解除家庭经济负担，能够过上较为逍遥生活的时期。对于残疾子女的父亲来说，他们仍需负起某些实质的照顾责任，令他们退而不能休，不能安享晚年，对于中国人来说，这可能是另一种深沉的悲哀

二、健全手足与残疾手足

作为角色模范，健全手足在不同发展阶段都能首先在家庭内部为残疾手足提供角色示范并且扮演他们的玩伴，为残疾儿童提供社会交往的机会，进而在家庭中完成社会化的部分进程。残疾儿童和健全手足在交往的过程中会知道哪些行为是符合社会期望的，哪些不是。有些时候，健全手足会在一定程度上分担父母照顾残疾孩子的责任。从积极的方面来看，家有残疾儿童的事件可以作为健全子女难得的人生挑战和生活经验。与其他家庭相比，健全子女有如下独特的经验：他们能够体会到人发展的差异和独特性；扩展接纳人的差异及独特性的空间；体会人生的悲喜，感受面对困境时家庭的力量；提高对残疾人的接纳程度；增强个人的独立性，提高个人的成熟程度；等等。还有学者发现，由于这些特别的经验，残疾儿童的手足自小就发展出助人的价值观，他们中的一部分在长大后更倾向于选择助人的职业。（Seligman and Darling，1997）

从不同的理论视角出发，我们会看到残疾儿童家庭不同棱镜下的不同镜像。如果说上述的表现是从优势视角来审视残疾儿童的手足的特殊经验的话，那么从家庭压力理论的视角来看，这些成长机会，同时也可能是影响家庭功能和家庭整合性的危机。残疾儿童的健全手足可能会有以下负面的经验和感受：①矛盾的感受。一方面，面对父母要求自己照顾残疾手足感到不公平和反感；另一方面，又为自己产生上述情绪感到内疚和自责。②担忧和恐惧情绪。由于许多父母没有把家里有残疾儿童这一事实向年幼的其他子女交代清楚，或者忽略了正确信息对健全子女的引导作用，加上健全子女对事件感到陌生而会有一些猜想，如残疾会不会传染、不知道如何和残疾手足相处、担心自己未来的孩子会不会出现残疾等。③扰乱健全子女的生活。由于参与到残疾手足的日常照料甚至是医疗过程中，家庭中健全子女的学习、娱乐和社会交往等需求会受到不同程度的影响。如果负担过重对健全子女造成明显影响，可能会导致健全子女出现情绪问题、学业表现差以及和残疾手足之间的关系冲突。④行为及情绪问题。健全子女如果不能适应家庭有残疾儿童的事件，可能会表现出对家庭事务的疏离，行为倒退，以及用一些直接和消极行为表达自己的不满，以此引起父母的关注。遗憾的是，父母由于常常疲于奔命地照顾残疾儿童，忽略了家庭中健全孩子的需要，很多家庭因沟通不畅，往往会造成家庭关系紧张并引发冲突。

三、（外）祖父母辈与残疾孙辈

在现代社会，年轻一代工作压力大、生活节奏快，许多（外）祖父母更多地参与到养育孙辈的过程中。残疾孙辈事件对（外）祖父母的打击主要有：①“坏种子”的心理负担。当发现刚出生的孙辈有残疾时，尤其是遗传性残疾时，老一辈因为担心问题被归因于家族基因，会出现男女双方家庭互相推诿的情况，这就让问题变得更为复杂。父母既要应对残疾孩子出生后的各种心理和社会事务，又要应对纷繁复杂的家庭关系。②双重伤害。残疾孙辈的出生，一方面让（外）祖父母担心孙子（女）的健康和未来；另一方面，他们也担心自己的子女未来在抚养孩子时面对的重重困难。一部分老人抱着对治愈残疾的期待，可能会借助一些迷信的手段，这种行为可能会导致代际之间的冲突。③情绪困扰。愤怒是一种常见的情感表现，通常媳妇会成为男方父母的主要情绪发泄对象，尤其是当科学证明残疾是由于X基因上的遗传性疾病，或是因为母亲在怀孕期间的一些不当习惯（如酗酒等）导致孩子残疾时，家庭中可能会出现剑拔弩张的局面。上述情况不仅会导致在产后修复期的妻子情绪低落甚至抑郁，身为儿子的丈夫在其中也会左右为难。

不过，（外）祖父母对残疾儿童家庭也有正向支持，当家庭慢慢接受孙辈残疾的事实后，老一辈会在经济支持、日常照顾、情绪支持和家庭整合等方面给予残疾儿童父母一定的支持。

第三节　家庭生命周期视角下的残疾人家庭的需要

通过对比普通家庭和残疾人家庭在家庭生命发展的不同阶段的任务，可以帮助我们理解残疾对家庭的影响；同时也提醒社会工作者在进入家庭开展需求评估的时候，要充分认识到普通家庭和残疾人家庭的共同需求和差异需求。

一、普通家庭的发展任务

孩子出生阶段，普通家庭的发展任务包括：①适应新生子女的出生、成长；②构建一个让双亲和新生儿都能满意的温馨家庭。孩子幼儿期，普通家庭的主要任务包括：①以激发性成长方式适应子女的重要需求；②父母以充沛的精力适应及因应子女需求，父母也因此缺乏隐私。孩子在学期，普通家庭的发展任务为：以建设性方案适应社区的生活和鼓励子女在教育上取得成就。孩子青少年期，普通家庭的发展任务包括：①通过适当的界限调整，处理青少年对独立的要求；②中年父母培养兴趣，拓展工作领域。当孩子到了自立期，普通家庭需要完成以下任务：①透过求学和职业技能养成，让年轻人做好独立生活的准备；②接受和促进年轻人的自给自足；③父母适应不以孩子为中心的新角色与关系。孩子成年期，普通家庭的父母获得（外）祖父母的新角色，通过帮助照料孙辈，重新体验“父母期”。之后，普通家庭的父母则需要面对以下三个发展任务：①处理老化的议题和困境；②努力维持尊严、意义和独立性；③应对丧偶状况，适应独处。（周月清，2001）

二、残疾人家庭的发展任务

与普通家庭在家庭生命周期不同阶段的发展任务相比，残疾人家庭的发展任务有一些相似的地方，但残疾子女给家庭发展任务带来的挑战也是非常现实且具体的。孩子出生阶段，残疾人家庭的发展任务包括：①寻找孩子致残的医学原因，即便没有，大部分家庭也需要找到一个合理化的解释来帮助接受残疾儿童的事实；②反复经历生育残疾儿童的复杂情绪直至完全接受这一事实；③处理因残疾儿童出生而导致的家庭关系的各种变化，甚至是离婚；④处理不能生育一个健全孩子的自责感和羞愧感。孩子幼儿期，残疾人家庭的发展任务包括：①缓解养育残疾儿童的恐惧与担忧等情绪；②了解有关残疾儿童发展的知识；③告知亲友有关残疾儿童的事实；④了解有关康复资料；⑤重整家庭交往及沟通模式；⑥重新安排家庭分工；⑦反思个人对残疾儿童的态度；⑧发掘教养残疾儿童的生活意义；等等。孩子在学期，残疾人家庭的发展任务包括：①重新适应因教育残疾儿童而引起的情绪问题；②了解个人对主流教育及特殊教育的意向；③参与康复训练；④寻找有关社区资源；⑤为残疾儿童安排社区或课外活动；等等。残疾儿童步入青少年期，残疾人家庭的发展任务包括：①重新适应因残疾成员成长而出现的新情况；②处理残疾成员在成长中与性有关的议题；③处理残疾成员的社交需要；④计划残疾成员未来的就业安排；⑤讨论残疾成员未来的服务安排；等等。当普通家庭的孩子步入自立期时，父母和孩子的角色会有一个剥离，但对残疾人家庭而言，这一阶段面临较大的挑战，包括：①重新适应残疾成员成长过程中的种种情况；②计划残疾成员未来的住宿安排；③处理残疾成员的就业问题；④处理与性有关的事件；⑤安排残疾成员未来的监护事项；等等。

普通家庭的父母获得（外）祖父母角色的阶段，部分残疾人家庭的父母可能会略有不同，并非所有的残疾人士都能顺利结婚生子。这一时期，残疾人家庭的父母面临的任务包括：①重整与伴侣的关系；②保持与残疾人机构或就业机构的联系；③重新调整其他家人的需要和发展；④为残疾成员安排长远的经济保障。步入老年期，残疾人家庭的父母面临的任务包括：①计划身故后残疾成员的照顾事宜；②为残疾成员规划长远的住宿与照顾方案；③将照顾残疾成员的责任转移给其他家人；等等。（Ann P. Turubull and H. Rutherford Turubull，1986：55）

思考题

（1）简述残疾事件对家庭的影响。

（2）从家庭生命周期视角对比普通家庭和残疾人家庭在不同阶段的发展任务。

第五章　不同类型残疾人的处境及社会工作服务

学习活动

（1）你认为肢体残疾人士和视力残疾人士的需求有什么差异？

（2）社区的社会工作者可以怎样帮助精神残疾人士康复？

（3）如果要教一个中度智力残疾人士种植多肉，你会采用什么办法呢？

前面章节我们已经介绍过残疾的不同类别，与健全人相比，残疾人及其家庭有不同的需求。但是，残疾人也并非一个同质性的群体，不同类型的残疾人，甚至是同一类型的残疾人，因性别、受教育程度、经济条件等诸多因素的影响，残疾造成的影响和自身对残疾身份的接纳程度都会有很大的差异。因此，本章节按照常见的残疾类型，分析不同残疾类型的服务对象的处境，以尝试帮助社会工作者辨识残疾人士需求的独特性。

第一节　肢体残疾人士的处境及社会工作服务

一、肢体残疾人士的处境

（一）残疾与健全的张力

肢体残疾人士经常面临两种矛盾的处境：

一种是在“和他人一样”与“被旁人视为不一样”之间纠结的痛苦。一方面，他们受肢体残损事实及社会期望所限制，迫使他们遵从某些符合社会期望的行为。另一方面，生活在一个以健全人为主的社会里，他们也希望与其他人一样，这驱使他们很想表现得如健全人一样。（Wright，1983：19）可是，当他们的表现超出社会的期望时，旁人会以“惊叹”去回应这些人的努力。其实，除了赞扬的部分之外，这些“惊叹”反映出社会人士对肢体残疾人士最高能力界限的认识，低估了残疾人的能力。

另一种是残疾人士经常需要在“因应能力”[①]与“表现如常人”之间做出痛苦的选择。例如，一位佩戴义肢的少年，很想与朋辈一起以同样步速前行；但是，他又需要考虑到这样的做法，不但会增加义肢的负担，还会影响身体其他部分的负荷分布，最终损害健康。

以上的矛盾处境使肢体残疾人士承受了很大的心理压力。

（二）自我形象

简单来说，自我形象（self-image）是关于个人的自我概念（self-concept），是个人对自己的一些看法及感受。个人的自我形象受很多因素的影响，而身体形象（body image）则是其中一个很重要的因素。肢体残疾人士常遇到的问题与独立问题息息相关，突出表现为自主性缺失及自由活动能力受限。理论上，肢体残疾本身并不必然影响当事人的独立性；但社会偏见与障碍重重的社会设施却迫使很多有独立生活潜质的肢体残疾人士失去了行动自由及自主性。与健全人士相比，肢体残疾人士更容易处于不利于自主或独立的环境中，因而需要更多辅助。例如，他们需要依赖仪器辅助行动，改建居所及设施去应付日常生活上的事务等。虽然肢体残疾并不必然导致负面的自我形象，但身体所代表的力量与审美标准及失去表现独立能力的机会等，的确会影响肢体残疾人士如何看待自己的身体及对自己身体的满意程度，继而影响他们的自我概念。

（三）类型化

与其他残疾人士的境况相同，肢体残疾人士普遍地被视为一个具有“共性”

① “因应能力”指的是个人需要结合自身的现实状况，做出相对合适行为的能力。

（homogenous）的类别。换句话说，肢体残缺不但使患者失去了部分身体功能，还让他们失去了个别性及独特性。可是，他们之间的“共性”很多时候是建基于对残疾人士的负面标签及社会对残疾人士的误解之上的。这些标签与误解将残疾定性为一个悲惨事件，并将残疾人士的生活等同于不幸与痛苦。这种说法并不是要否定残疾人士在生活中遇到种种困难的可能性，或是要夸大残疾人士的幸福，而是要强调残疾人与健全人一样，有个别的历史、背景，对生活也有期望及个人的自我追求，等等。

这些类别定型使肢体残疾人士经常面对偏见及误解，例如，当肢体残疾人士为了兴趣去追求某些成就或体现他们的能力时，社会人士往往会产生一种误解，认为他们这些兴趣追求是一种“补偿”行为。（Wright，1983：21）此外，当肢体残疾人士明白现实限制而做出某些理性选择，退出某些活动时，他们的行为又很容易被理解为一种“缺乏自信”的表现。比阿特丽斯·A. 韦特（Beatrice A. Wright）认为这些误解根源于健全人士对肢体残疾人士的偏见，即将肢体残疾人士普遍定性为“自我感觉低微”的人。（McDaniel，1976：35）韦特的看法是值得社会工作者深思的。健全人士很容易受类别定型的影响，对肢体残疾人士的理解出现偏差，因而抹杀了肢体残疾人士的某些行为的可能意图，或将他们的行为意义高度简化，而忽略了行为意义的复杂性。

（四）当事人与旁观者的差异

肢体残疾人士所面对的挑战的核心，是作为非当事人的旁观者，由于身份、位置等客观条件的差异，在认识残疾人士时所出现的理解限制。韦特称这些角度差异为“你 - 我问题”（Wright，1975）。韦特发现，用“你 - 我问题”去讨论责任归属时，旁观者与当事人的视野差异尤为明显。旁观者大多倾向将问题的责任归咎于个人本身，但当其身份转变为当事人时，则会增加对环境因素的考虑而减低对个人的控责。从残疾人士角度而言，残疾所引起的挑战是环境限制多于个人限制。韦特的“你 - 我问题”概念说明了为何残疾人士如此努力地希望消减环境对残疾人士造成的障碍。事实上，肢体残疾人士面对的最主要的挑战，是健全人角度与残疾人角度之间的差距。

（五）经济问题

失业、薪酬低、购置或保养仪器、定期的医疗或治疗费用、有限的交通选择等，均会对肢体残疾人士造成一定的经济压力。环顾上述支出项目，所涉及的均是一些日常生活中的必需开支，因此可以想象肢体残疾人士在个人支出方面的压力之大。

二、针对肢体残疾人士的社会工作服务

针对上述肢体残疾人士面临的困境，社会工作者可以从服务对象自身和环境两个方向入手开展服务。事实上，这也是我们之前学习的“人在情境中”的视角。社会工作者既要满足服务对象的需要，帮助他们克服困难和解决问题，又要提升他们的能力。另外，社会工作者需要和服务对象的家庭、社区、朋友、邻里等社会网络一起工作，这些不同群体相互影响、相互作用。

针对肢体残疾人士自我形象、残疾与健全的张力等困境，社会工作者可以通过个案工作的方式，采用认知行为疗法、叙事疗法等专业方法，协助肢体残疾人士自我接纳，接受“残损的身体是自己的一部分”这一事实，尽管这是一个不容易的过程，而且对于先天残疾和后天意外致残的服务对象，情况差异非常大，但康复工作中最重要的一部分是让残疾人士接受残损的事实，并与自己的残损一起“共处”。

针对类型化等问题，社会工作者需要做公众倡导，增强社会人士对肢体残疾人士困境的感同身受，提升公众的无障碍意识。这里的无障碍，既指硬件设施（如盲道、轮椅斜坡等）的无障碍，也指社会人士对残疾人士包容和接纳的态度。至于上述提到的经济问题，社会工作者可以与社区工作者合作，评估肢体残疾人士的家庭情况，给予政策帮扶，另外也可以为残疾人士及其家庭链接相应的社会资源。

第二节　视力残疾人士的处境及社会工作服务

一、视力残疾人士的处境

视力残疾者面临三种基本能力的限制，即移动能力、环境控制能力和信息获取能力。视力残疾的成因、程度，事发的年龄，以及是否同时伴有其他损伤，等等，会直接影响患者日后的适应能力及发展。从教育的观点看，5 岁是学习方面的一个关键年龄。患者如果在 5 岁之前失明的话，只能保留有限的视觉印象及颜色记忆，这将对他们的学习基础产生影响。一般而言，5 岁之前的失明者会被归类为先天视力残疾（congenitally visually handicapped），5 岁之后的失明者则属于后天视力残疾（adventiously visually handicapped）。（万明美，2001：53）由于先天性视力残疾人士的处境和健全人有差异，因此，本节会比较着重讨论视力残疾儿童的困境。

（一）学习和发展限制

视力残疾儿童缺乏视觉刺激的机会。视觉条件直接影响婴儿的早期学习动机及机会。通常，婴儿会透过视觉追踪，激发抓取对象的动机，来发展其肢体的协调与控制能力、环境探索能力及控制环境的信心等。一个缺乏视觉刺激的儿童，他的表现通常会较为谨慎，对环境的改变感到不安或恐惧，这些感受会削弱他们探索环境的信心及动机，继而影响他们协调肢体的能力。

视力残疾儿童缺乏模仿学习的机会。视觉模仿是一个重要的学习途径。儿童透过观察同侪及成人的行为，学习一些基本的社交技巧，掌握一些重要的社会规范。视觉障碍不但大大削减了视障者透过观察的模仿学习机会，还使他们缺乏学习一些合宜社会行为的模仿对象（role model）。

视力残疾儿童的认知发展受到视力残损的影响。认知发展主要包括思考、理解及处事等能力的发展。让·皮亚杰（Jean Piaget）认为，婴儿早期对环境的探索，能促进知觉经验的发展而累积成为概念，继而影响儿童发展抽象知识的能力。换言之，视力残疾会影响儿童在感觉动作期及运思前期的认知发展。（万明美，2001：60）研究也发现，虽然触觉和听觉可以协助孩子探索环境，但与视觉相比，前者的学习方式会受到较多的限制。例如，一些距离过远、体积或音域过大，或较微细的事物等，有时是难以透过触觉或听觉去探索的，因而影响视力残疾儿童的概念发展。（万明美，2001：61）

环境条件及社会态度也会在一定程度上限制视力残疾儿童的发展。家长及社会人士对待视力残疾儿童的态度，如家长的过度保护或社会人士的歧视等，均会影响这些儿童的发展。

（二）心理社会发展问题

视力残疾儿童的心理社会发展问题主要有：

第一，自我中心行为（egocentric behavior）。视力残疾儿童一般较以自我为中心，这是因为他们缺乏社交机会，去学习与人合作的态度与技巧。而且，视力残损也令他们难以从健全视力者的角度看事物，因而较难认知在自己经验以外，另一些经验的可能性，从而造成了他们较以自我为中心的个性。

第二，被动、倚赖及自我隔离（passivity，dependency and self-isolation）。视力问题使视力残疾儿童在社交场合一般较难主动，因而影响他们结识朋友的机会。一位失明人士分享，当他身处于一些陌生的地方时，他才了解到视力怎样影响他的社交能力。他举例说，与人交往时，假若对方不说话，他无从得知对方是否正在看着他，也不知道对方是否已用微笑向他打招呼，更不知道是否应向对方报以微笑。这些情况使视力残疾者在陌生地方步步为营，以避免闹出笑话，因而增强对别人的依赖，甚至自我隔离。

第三，自我概念与自尊（self-concept and self-esteem）。视力残损的负面躯体形象影响视力残疾儿童的自我概念，继而影响他们的自尊。视力残损使患者处于一个劣势的社会位置。除此之外，视力残疾儿童还身处另一种弱势处境，即视觉残损导致患者看不到外在世界的事物，但他们的举动却清楚地呈现在别人眼前。这种双重弱势令视力残疾儿童容易产生挫折感、孤独感及焦虑情绪，使他们感到自卑。

第四，社会适应（social adaptation）。由于视觉障碍，视力残疾儿童无法体验一些同龄健全儿童的生活方式，如日常行为模式、社交表达方式等，这使他们容易与时下的生活脱节，而难以被同龄健全儿童认同，从而产生社会适应障碍。

（三）其他常见的发展问题

1. 偏差步态

由于缺乏视觉协调和视觉模仿的机会，视力残疾儿童容易对环境感到不安或恐惧，并出现不良的行动姿势，包括头部低垂或倾斜，弯腰、驼背或腰部向后倾斜，腹部或骨盆倾斜，等等。这些不正确的姿势令视力残疾儿童的步态有别于健全人。他们通常用一些拖曳或呆板的踏步步态走路。除了走路外观与健全人有区别之外，这些步态还会影响视力残疾儿童的独立行动能力，不良的步态会影响他们走路时的平衡能力，增加发生意外的概率。

2. 习癖动作（habitual action）

习癖动作是指一个人经常出现的一些重复而没有意义的自我刺激行为。布斯（Blash）称视力残疾儿童经常做的习癖动作为“盲行为”（blindisms），这些动作包括：摇头、挖揉眼睛、摇摆身体、在空中舞动双手等。研究指出，习癖动作多数是后天养成的习惯，并与儿童的情绪及所处的情景有密切关系。产生习癖动作的原因包括：①由于活动范围受到限制，加上缺乏人际互动及社会刺激的机会，通过身体来满足这些需要就成了主要途径；②用刺激自己身体的方法，弥补在生活经验中所缺乏的知觉刺激；③家长的过度保护或蓄意隔离，令视力残疾儿童缺乏适当社会刺激的机会，引发视力残疾儿童产生类似孤独症的行为问题；④视力残疾儿童在过渡不同发展阶段时，可能会遇到一些适应问题或学习困难，他们通过这些习癖动作去逃避一些由适应及学习困难产生的冲击，因此习癖动作也可视为视力残疾儿童面对严峻环境时的退避行为；⑤习癖动作受环境及社会因素的影响，不正确的强化会令这些动作得以延续，如父母对习癖动作过度的关注等。

二、针对视力残疾人士的社会工作服务

虽然视力残疾人士大多需要特殊教育服务机构、医疗机构和专业康复团队来提供服务，但是社会工作者在跨专业的团队中仍然能够发挥不可替代的作用。以贵州大学在2002年参与贵阳市盲聋哑学校的社会工作服务为例，贵州大学主要针对视力残疾学生开展了个案工作和小组工作。其中，“光之翼”小组按照不同年龄阶段来划分组员，分组过程中主要考虑了盲生的性别、年龄、寝室、班级等多重指标。低年级组的盲生以游戏和功课辅导为主，主要是通过游戏来帮助盲生学习识别方向、锻炼身体平衡能力等（回应上述步态偏差的问题），这不仅帮助盲生在生理上达到一定程度的康复，也通过学习成绩的提高提升了他们的自信。而高年级组则适当地加入一些自我认识与成长的主题。在所有的小组活动方案里，社会工作团队都设计了一些情绪控制的内容，社会工作者在服务中发现盲生因为自己看不见而在生活上遭遇了许多不便。当碰到困难时，一些盲生通过自我伤害（如撞门、掐自己甚至是用盲针戳自己的手以及自我贬抑等）的方式来发泄自己的情绪，这些行为不仅在身体上，而且在心理上都给盲生造成了不同程度的损害。“光之翼”小组通过角色扮演、情绪电梯等活动及深入地分享，教给盲生一些处理不良情绪的方法。

在康复领域，“残健共融”的理念是大家熟知的，但“光之翼”小组在活动中发现“残残共融”也非常重要。事实上，残疾人不是一个完全同质性的群体，因残疾类型、致残原因、残疾时间等因素的不同，残疾人的体验也会有较大的差异。在盲聋哑学校，视力残疾和听力、言语残疾的学生之间由于教学方式、残疾体验不同，尽管都是残疾人士，盲生和聋哑学生之间却很难实现共情。其中一个较为典型的个案是：视力残疾学生小美因为幼年患眼疾，其奶奶用民间的一些土方法治疗，没有及时送医，导致她视力残疾。更糟糕的是，小美的眼球因病变而异常突出。在学校就读期间，每一次有聋哑学生在走廊上碰到小美，都会发出尖叫声，导致小美觉得自己长得非常可怕和丑陋。社会工作团队除了为小美提供个案辅导，转变她的认知，提升她的自信之外，也通过学校在“六一”国际儿童节等节日中举办的主题活动，帮助盲生和聋哑学生实现“残残共融”的目标。

第三节 听力和言语残疾人士的处境及社会工作服务

听力残疾和言语残疾[①]影响个体的客观成长条件，导致其出现很多有别于健全人的行为。以下尝试从听力残疾人士和言语残疾人士面对的生理及学习条件的限制去重新评估他们一些被贴上负面标签的行为。

一、听力和言语残疾人士的处境

（一）不专心

听力和言语残疾人士很多时候给人的印象是不专心，人们觉得他们在交谈时经常左顾右盼，而且猜疑心重，对其他人表现出不信任，经常重复询问同一问题，等等。对于听力和言语残疾人士来说，人际沟通是他们在日常生活中面临的最大挑战。受听觉和言语能力的影响，听力和言语残疾人士很依赖其他感官的讯息去判断说话者的正确意义。因此，在谈话中，他们会时常将头部前倾或转向说话者的方向，以利于采音；他们也会经常左顾右盼，观察别人所给予的视觉讯息。至于在学习方面，听力和言语残疾儿童的学习进度很多时候受听觉和言语问题影响，使他们不能将老师所教的知识全部接收下来，影响他们对课业的理解，因而较容易出现一些不专心的学习行为。

（二）固执

听力和言语残疾人士很多时候给人一种自我封闭的印象，人们觉得他们主观性强且固执，难于沟通或合作。其实，固执的性格也不是听力和言语残疾人士独有的，健全人也常有这个表现。很多时候，听力和言语残疾人士的某些固执行为，是由听觉或言语问

---

① 2006年，我国第二次全国残疾人抽样调查把1987年抽样调查时的听力语言残疾细分为听力残疾和言语残疾两个类别，这与我国康复事业的发展密不可分。考虑到听力和言语残疾人士处境的相似性，本章对听力和言语残疾人士的处境以及社会工作服务做合并讨论。

题间接造成的。与听觉和言语健全的人士相比，听力和言语残疾人士在获取或接收讯息时面对的限制较多。这种相对性的信息封闭，不仅影响了听力和言语残疾人士对事物的认知能力，还直接影响到他们对人和事的判断及选择，导致他们的自我评估出现误差，因而较容易给人留下自以为是或故步自封的印象。

（三）自我中心

很多人有一个错觉，认为听力和言语残疾人士缺乏公共意识，在公共场合没有理会其他人的存在，做出一些大动作，或制造一些大声响，影响他人。例如，弄出很大的关门声等。事实上，受听力和言语障碍的影响，听力和言语残疾人士对环境的声音反应没有听力健全人士那样敏感，这导致他们制造了噪声，影响了别人而不自知。至于大动作的问题，这是由于他们的沟通很依赖视觉的讯息，大动作是听力和言语残疾人士日常生活中习以为常的沟通方式，而不是一些有意识的或旁若无人的骚扰行为。

（四）情绪化

由于在表达自我方面存在很多限制，听力和言语残疾人士较容易因表达及沟通的障碍而出现情绪问题。研究发现，听力和言语残疾人士较容易受“个人是受外在环境控制而无法改变”的信念影响，产生一种对命运的无奈感，而偏向用一些原始本能或直接的方法，去发泄个人的挫败感或解决一些不如意的事，使他们的情绪出现波动。（林宝贵，1994：490）

（五）言语不清

对于一些不懂得手语或唇语的人来说，与听力和言语残疾人士沟通可能是一件困难的事。虽然部分听力和言语残疾人士也能用口语沟通，但是由于听力和言语残疾人士的语言学习过程与健全人不同，特别是那些先天性听力和言语残疾人士，他们是透过读唇或震声等方式学习说话的，这使得他们的说话音调较为单一，缺乏健全人说话时的抑扬顿挫，再加上部分词语发音不准确，从而影响他们与健全人的沟通效果。

二、针对听力和言语残疾人士的社会工作服务

听力和言语残疾人士在生理层面的康复很大程度上依赖于现代医疗和科学技术的进步与发展，以及特殊教育服务机构坚持不懈地陪伴。社会工作团队针对听力和言语残疾人士的主要服务方向在于其家庭成员以及社会倡导方面。一般而言，父母对残疾子女期望较低，认为读书对他们的康复作用不大。特别是在农村地区，父母觉得残疾子女学会干农活对其未来生活的帮助会更大。加之特殊教育资源的匮乏和经济压力，大部分家庭不会考虑送残疾孩子就读特殊学校。事实上，即便没有学习过正规的手语，听力和言语残疾人士也可以使用简单的手势和家庭成员以及其他人交流，他们有能力学习一些技能，如打字、修车等。因此，社会工作者需要改变家人对听力和言语残疾人士的低期望和负面态度，尽可能为符合条件的听力和言语残疾人士链接资源、提供就读特殊学校和接受职业训练的机会。

此外，建立一个包容、正常化的社会环境对听力和言语残疾人士的社会融入也至关重要。例如，当你在公众场合看到听力和言语残疾人士用手语交流，当你在公交车上碰到他们用手语打视频电话时，你是否会投去好奇和异样的目光呢？事实上，按照欧文·戈夫曼（Erving Goffman）的说法，听力和言语残疾人士在所有残疾类型中，是最容易掩盖残疾身份的。也就是说，只要他们在公众场合保持沉默，不与人交流，就可以隐藏他们的残疾身份。但是，这种隐藏的背后其实反映了公众对残疾身份的不接纳。因此，社会工作者应通过社会倡导逐步建立一个包容和正常化的社会环境，改变公众对残疾人的偏见和排斥。如果未来整个社会能够接纳残疾只是一种“不一样”，和我们的长相、性别、性格、心理承受力等特质一样，只是人和人之间的一种差异，那么残疾人士就更能够接纳自己和他人的不同，同时被标签化和排斥的可能性就会减低。

第四节　智力残疾人士的处境及社会工作服务

一、智力残疾人士的处境

（一）学习问题

1. 认知能力差

智力残疾人士容易被环境内的声、光及对象所吸引而分散注意力，因此在学习时比较难维持长久的注意力，或在同一时间内进行多项事务。他们的注意力一般可维持数分钟，情况差的只能维持数秒。在设计训练课程方面，康复团队须留意智力残疾人士的学习特点，从而对教学方法加以调整。虽然智力残疾人士的学习专注力低，但是他们较喜欢将兴趣放于某一件事情上并重复进行，这使得他们较难发展新的兴趣。例如，如果一个智力残疾孩子对填色有兴趣的话，他会将全部精力放在填色的活动上，教师要想很多办法才能让他暂时停止填色的工作，尝试别的活动。此外，大部分智力残疾儿童记忆力短暂，很快便会忘记所学的知识，因此需要不断地重复学习，以加强记忆。

2. 统整能力弱

智力残疾者喜欢注意事物的小部分，而较难去理解部分与部分之间的关系，因此难于掌握事物的整体性。例如，一个喜欢昆虫的智力残疾孩子看见一幅农庄图画时，他只会看见画中的蝴蝶，而不明白蝴蝶与农庄的关系。这是智力残疾儿童的一种知觉能力缺陷，这种缺陷会影响他们的辨识能力。

3. 缺乏抽象思维能力

智力残疾者的学习很倚重实际的感官经验，他们需透过视觉、触觉等去认识一些事物，而难于用一些抽象思维的方式去掌握一些抽象概念。例如，他们可以透过视觉、听觉和触觉明白“眼”“耳”“口”“鼻”是什么样子的东西，但难掌握“它们是人体器官”这一概念。此外，智力残疾人士较难理解时间、空间、质量、模式等抽象概念，这影响了他们的运算能力，再加上他们难以思考或判断一些属于“为什么”或“如何”范围的问题，进而影响到他们独立生活和社会交往等方面的能力。

4. 类化能力弱

类化（generalization）是指将一些已学得的经验应用于一些新的境况之中，以扩展个人解决问题的能力。例如，一位智力残疾儿童明白“空”的概念是指当他将杯内的果汁喝个精光时的状态，但他却难以将“空”的概念从这个特有的情景扩展到其他生活情景中。

（二）智力残疾人士面临的成长问题

对于健全的青少年来说，成人期是一个体现独立自主、发展个性、与异性发展亲密关系、计划未来的时期，他们在行为上及情感上逐渐减少对父母的依附，开始建立自己的人际网络。另外，父母亦开始卸下以往对他们事事关心的照顾者角色，在日常生活中为他们提供一些利于自我发展及实践成熟行为的空间。对于智力残疾人士而言，虽然他们的体能发展与生理需求也随着年龄的增加而趋成熟，但在独立自主、自我概念及性（emancipation, self-concept and sexuality）等成长事务上的发展，却因智力障碍受到限制（Zetlin and Turner，2002）。与此同时，家长也因子女的实龄与智龄的差距，对该如何确定对子女的期望与要求感到无所适从。习惯上，父母在有意无意之间会表现出一些鼓励智力残疾子女倚赖、服从及展现与其年龄不符行为的倾向，而不是协助子女建立独立自主的能力和符合其性别身份（sexual awareness）的行为模式。（Zetlin and Turner，2002）尽管智力残疾人士不能用语言清楚表达自己对处境的认知，但相信他们会用行动及情绪来表达他们部分的内心感受。（Zetlin and Turner，2002）安・G. 泽特林（Ann G. Zetlin）和约翰・L. 特纳（John L. Turner）在 1980 年 7 月至 1981 年 12 月期间，采用密集的深入访问方式，对 46 名居住在洛杉矶、年龄介于 23—60 岁且有独立生活能力的轻度智力残疾人进行了研究访问。此外，泽特林和特纳还向当中 25 名人士的家长进行了一些有结构的生命史式访谈，内容涉及智力残疾孩子的发展史、对家庭的影响，以及智力残疾孩子的学习、就业、社交、居住等问题。（Zetlin and Turner，2002）

1. 亲子关系的矛盾

研究显示，过半数的被访问者认为自主问题（autonomy）是引致亲子间矛盾的主因。他们感到父母仍用过去一贯的保护及限制态度跟他们相处，让他们处于独立与依赖的矛盾当中。例如，父母替他们选择及做决定、限制他们外出或回家的时间、要求他们达到某一仪容水平等。这些被访者认为，父母这些限制使他们失去了很多接触世界的机会及经验。

2. 身份问题

超过八成的被访问者指出，他们在青少年期开始意识到他们跟健全人有分别的事实，并理解这些特殊之处不但影响他们的生活，还影响他们的社会身份及自我感受。他们认为他们的身份问题主要受两种矛盾状态影响，即期望与表现（expectancy-performance）的矛盾和接纳与排斥（acceptance-rejection）的矛盾。

（1）期望与表现的矛盾。学业成绩是青少年时期一项重要的自我评估指标。超过半数被访问者表示，从学业成绩及学习能力的表现中，他们具体地了解到自己是智力残疾人士这个事实。他们虽然渴望可以像健全人一样能够在学业上有所成就，并以此开始日后的人生道路；但同时他们也因智力的限制及相应的社会规范而体验到挫折感。他们说每当他们回望自己的真实处境时，那份挫折感令他们对健全人产生妒意。

（2）接纳与排斥的矛盾。超过六成的被访问者表示，曾经在家庭里感到被不同程度地排斥。有些被访问者觉得父母因为智力问题而对他们感到失望，并且对智力健全的子女给予较高及肯定的评价。这些被访问者认为，父母将他们送往机构及用一些跟健全子女不同的谈话语调来跟他们谈话等做法，足以反映出父母对他们的爱是有所偏差的。超过八成的被访问者表示，他们曾经被邻居小孩及同学等人取笑；超过两成的被访问者表示，他们不能像健全人一样，有机会发展男女间的社交关系。

3. 性问题

智力残疾人士常见的性问题包括：谈恋爱、结婚、避孕等。研究发现，父母对他们的性问题感到焦虑并且出现避讳行为。对于成年智力残疾女性的父母来说，他们普遍担心的问题是女儿是否会受到性侵犯及怀孕；对于成年智力残疾男性的父母来说，他们面对的问题是如何解决孩子的性需求。不过，父母一般会用禁止手段来处理智力残疾子女的性问题，如用强硬手段禁止子女表达对性的需求、不准子女跟异性约会等。

二、针对智力残疾人士及其家庭的社会工作服务

上面我们讨论了智力残疾人士面临的困境，这些困境在某种程度上的确影响了他们的社会交往、入学、就业等机会。但是，这并不意味着智力残疾人士完全没有社会参与的机会和潜能。首先针对家庭层面，社会工作者需要与智力残疾人士的家长一起工作，协助他们建立对孩子参与社会的信心，此外还需要和他们一起面对孩子参与公共生活时的压力。例如，前文我们提到唐氏综合征的孩子在公众场合很容易被辨识为“异样”，所以很多家长很少带孩子出门，从而避免被他人关注的尴尬。这就导致智力残疾人士长期缺乏与社会互动和交往的机会，更不用说独立生活了。社会工作者可以通过自助或者互助小组，让智力残疾人士的家长形成一个相互支持的网络，提升他们面对公众的信心。家庭之间的相互支持，也可能会把“养育一个残疾孩子是一件悲惨的事情”这一故事脚本重新撰写，形成一个新的集体叙事。例如，一位养育唐氏综合征孩子的父亲认为，这些孩子需要有爱心、有耐心的父母照顾，所以父母和残疾孩子是一种特殊的缘分，这些父母需要比其他健全孩子的父母更有生命的韧性。通过互助小组，养育残疾孩子的悲情个人故事可以被重构为一个积极正向的集体叙事，从而转变智力残疾孩子父母对残疾事件的理解。

庇护性的就业可以为智力残疾人士（也可以为其他类型的残疾人士）提供参与社会的机会，使其通过就业实现自我价值。广州市康园工疗站服务中心的模式是可以借鉴和参考的一种庇护性就业和社区康复的模式。广州市康园工疗站服务中心是广州市残疾人联合会直属的大型公益性福利服务机构，该服务中心以政府购买服务的形式进行行业管理，为精神、智力残疾人士提供日间托管、康复训练和辅助性就业服务。该服务中心的社会工作者会根据服务对象的能力情况、心理状态等具体情况，为其量身定制职业康复计划，同时也会链接外部资源开拓市场，让学员每个月有工资收入，以此增强学员自食

其力的信心。

最后，针对上述提到的智力残疾人士的性问题，社会工作者可能比残疾人士的家庭更容易在该领域提供服务。中国文化对于“性”是较为保守的，加之父母与孩子谈性本身就不容易，若是智力残疾孩子，难度更大。社会工作者可以通过系列的性教育课程，扮演教育者的角色，教导智力残疾人士正确认识自己的性器官、学习自我保护、预防性侵害等。

第五节　精神残疾人士的处境及社会工作服务

一、精神残疾人士的处境

当谈及精神病时，一般人脑海中都会浮现出一个类似的影像，即患者会胡言乱语、失去常态、不能辨认亲人……这些影像，再加上媒体在报道时有意无意地将焦点放在一些与精神病患者有关的暴力新闻事件上的做法，使部分人士产生“精神病跟暴力倾向有关联”的错觉，将精神病患者视为有暴力倾向的人，而感到恐惧。社会人士对精神病患者的一些常见误解，综合如下：有暴力倾向、具危险性、性格分裂、具遗传性、经常失控，以及其病情是一种渐进性过程。（彼得森，2002：555—557）

（一）有暴力倾向和具有危险性

精神残疾人士有时可能会行为古怪，如哭笑无常、动静异于常人等，但是他们很少有暴力行为的倾向。基本上，精神残疾者喜静，较为羞怯和畏缩。他们很难集中精神，也难于表达自己或与人沟通，导致人际关系疏离。而且，他们很多时候也因为过于沉醉在自己的思想和感受世界中，而忽略了每日的生活细节，包括饮食、睡眠及个人卫生等，以致他们的仪容不洁，难以被人接受。从统计数字看，精神残疾人士不是一群具有高度危险性的人。虽然，患者在病发时会有一些很激动或失控的表现，把旁人吓倒；但实际上，患者自己比旁观的人更害怕、更脆弱。社会人士关于精神残疾者是一群危险人物的看法，相信跟一些新闻标题有关，这些标题常常把犯罪、伤人跟精神残疾人士联系在一起。（彼得森，2002：556）

（二）具有遗传性

一些关于孪生子、家庭成员、收养子女与精神残疾之间的关系等方面的研究，使很多人相信精神分裂症是一种家族遗传的病患，但事实并非如此。（彼得森，2002：557）根据世界各地的统计数据，精神残疾的患病率为1%，即每一百人就有一人患病。不过直至现时为止，精神残疾的原因仍未确定，医疗界普遍相信这个病与脑部功能失调有关，而诱因可能是心理压力。故此，它只是一种“可遗传性疾病”，而非一种“遗传性疾病”，如“亨廷顿舞蹈病”（huntington’s disease）就是一种遗传性疾病。所谓遗传性疾病，是一种病发概率与基因直接有关，而不受环境影响的疾病；但“可遗传性疾病”的潜在生物基础因素在特定环境下才会倾向于发展显现出来。（彼得森，2002：557）换言之，当其中一个家庭成员患有此病时，其他家人或家庭的下一代并非必然会患上此病，只是他们的患病概率与其他人相比会较高而已。

（三）渐进状况与复发问题

一般人都有一个误解，认为精神残疾者的情况会越来越坏，直至死亡。这个印象相信与精神分裂症早期的名称有关。在19世纪末20世纪初，此病症被称为“早发性痴呆”（dementia praecox），而“痴呆”在拉丁文中的意思是“渐进发展”。因此，精神残疾也被看成一种渐进的疾病。（彼得森，2002：557）可是，现代医学研究发现，精神残疾与痴呆症两者有极为不同的病程，不能混为一谈。此外，在很多人的印象中，精神残疾也是不治之症。尽管很多精神残疾者有疾病复发的风险，但也有不少精神残疾者在第一次发病痊愈后，并没有复发。随着医疗技术的进步，精神疾病的治疗效果已得到显著改善。在病发时，患者的日常自我照顾能力及工作能力均会受到影响。可是，经过治疗之后，患者基本上是可以重返社区生活的。精神残疾病发的主要诱因是心理压力，这些压力可来自突发的家庭事故、失业或工作压力、感情问题等，因此患者在康复过程中，须避免给自己施加过多的压力，并且要学习如何缓解压力，保持轻松的心境。此外，家人的支持及体谅，对患者的康复是有积极意义的。

二、针对精神残疾人士的社会工作服务

针对上述精神残疾人士面临的困境，我们可以看出，消除公众对精神残疾人士的偏见是帮助这一群体康复的关键。除了积极正向的宣传，康复国际有许多宝贵的实践经验可以借鉴，如在旅游景点义卖精神残疾人士的作品，将收益反哺精神康复事业。一方面让公众看到精神残疾人士和健全人一样，是有潜能的；另一方面，也鼓励公众积极参与残疾人的康复事业。媒体在对精神残疾人士进行报道时，也应承担社会责任，避免给公众造成精神残疾人士有暴力倾向的误解。即便报道相关新闻事件，也应当把精神残疾人士暴力伤人的比例和健全人的比例做对比，让公众建立正确的认知。

针对精神残疾人士的社会工作服务，本书推荐叶锦成教授在其服务严重精神病患者三十余年间形成的独创性服务模式——CHINESE 复元模式[①]。CHINESE 包括以下几个部分：

C=connect with reality（与现实连接）

H=holding by normalized daily life and activities（用普通的日常生活和活动去支持）

I=integration and interaction within social circles and groups in community（融入社区中的社交圈和群体并与之互动）

N=nurturing ego strengths and positive self-identity（培养抗逆力和积极的自我定位）

E=evolving competence to heal of related trauma and resolve emotional complexes（培养治愈相关创伤和处理复杂情感的能力）

---

① 对该模式感兴趣的同学，可以阅读《中国取向复元模式实践：精神健康社会工作案例研究》（叶锦成、冯慧玲、胡少良等著，广州利康社会工作服务中心组编，华东理工大学出版社，2017）。

S=sparkling of hope in future life（激发对未来生活的希望）

E=establishment of a new and constructive meaning in life（建立一个新的和积极的生命意义）

思考题

（1）采用思维导图或列表的方式比较不同残疾类型的服务对象需求的不同以及社会工作者可能提供的服务。

（2）结合社会工作“人在情境中”的观点，思考社会工作者如何在残疾人士康复跨专业团队中发挥独特的优势。

（3）某康复中心有两名智力残疾学员，一个是轻度智力残疾，另一个是中度智力残疾，他们在康复中心认识，一起做手工、参加活动，并日久生情。但是，他们的家庭不同意他们结婚生子，他们来找社会工作者去说服他们的父母。如果你是这家康复中心的社会工作者，你会如何应对这个个案？

第六章　残疾人社会政策

学习活动

（1）如果你所居住的社区有一户多残的家庭需要帮助，你学习过的哪些社会政策可以帮助到这个家庭呢？

（2）你认为社会政策和残疾人社会工作之间的关系是什么？

第一节　残疾人社会政策概述

一、社会政策的基本概念

社会政策的基本概念可从词义和政府社会政策实践两方面理解。从词义来看，社会政策中的“社会”一词是取其狭义的用法。它不是指整个社会生活中的所有领域，而是指其中某些特定的领域。一般说来，狭义的“社会”概念是指与社会中人们的具体生活直接相关、具有非经济性特征、通常局限于国内事务具有社会性目标的范畴。从政府社会政策实践来看，政府的社会政策具有社会性的目标，这种目标在各国可能有所不同，但一般包含以下几个方面：满足社会成员的基本需求、维护社会公平、解决社会问题、维持社会稳定和提高社会生活质量等。

由于社会政策具有多重目标，不同的研究者对社会政策有不同的解释和定义。有的学者认为，社会政策的主要目标是满足社会成员的各种需要，因此把社会政策定义为政府旨在满足社会成员基本需要的行动，甚至将其局限于主要是为了满足贫弱群体的基本需求；还有学者更倾向于把社会政策定义为政府为解决各种社会问题而采取的行动。（Baker，1995；李钦勇，1996）总而言之，社会政策是“政府或其他组织在一定社会价值的指导下，为了达到其社会目标而采取的各种福利性社会服务行动的总和”（关信平、中国社会工作教育协会，2009：12）。

二、残疾人社会政策基本内容

（一）残疾人社会政策的基本含义

残疾人社会政策代表社会在此领域采取的公共行动。概括起来看，残疾人社会政策指政府或其他社会组织为满足残疾人的基本生活需求、日常照顾服务需求、医疗保健康复服务需求，维护残疾人的合法权益不受侵犯，使残疾人积极参与社会生活而提供各种社会服务的政策。

（二）当代各国残疾人社会政策的主要内容

世界各国和国际社会针对残疾人的社会政策主要涵盖这几个方面：基本生活保障（即如何为残疾人提供基本生活费用的政策）、日常照顾服务（由谁承担和如何为残疾人提供日常的照顾服务）、医疗保健与康复服务（由谁承担和如何为残疾人提供医疗保健和康复服务）、教育机会平等（由什么机构和如何为残疾人提供平等的教育服务的政策）、促进就业（即积极扶持、规范残疾人就业服务体系的相关政策）、无障碍基础设施与制度（如在城乡公共基础设施建设中的无障碍设计）、丰富精神文化生活并保护相关权益（宣传、贯彻、执行涉及残疾人权益保护的各项法律法规，确保残疾人的合法权益不受侵犯）。（奚从清、林清和，2013）这些政策旨在确保残疾人的基本需求得到满足，提升他们的生活质量和社会参与度。

第二节 国外残疾人福利政策

国外在残疾人立法方面，制定了一系列有关残疾人社会保障的法律。20 世纪 90 年代以来，以美国为代表的普通法系国家从保障残疾人权利的角度陆续制定了反残疾歧视法，如《美国 1990 年残疾人法》《澳大利亚 1992 年反歧视残障法》《英国 1995 年反残疾歧视法》等。近年来，欧洲各国陆续出台了禁止歧视残疾人的法律，普通法系各国也加强了残疾人社会保障立法。亚洲也有许多国家制定了残疾人法，如《日本残疾人基本法》《韩国反残疾歧视及其补偿法》《印度 1995 年残疾人法》等。目前，已有一百多个国家和地区制定了有关残疾人的法律。

国外最新的残疾人立法趋势，一是更多地强调残疾人个人为权利主体，二是强调国家在满足残疾人需要方面承担主要责任。主要内容包括强调残疾人的平等权利和反对残疾歧视、对残疾人给予特别扶助和特殊保障、注重完善残疾人的社会保障措施、重视推进无障碍环境建设等四个方面。（奚从清、林清和，2013）

一、美国残疾人福利政策

美国政府主要通过制定并严格执行法律，为残疾人在学习、就业和生活等方面提供各种保障。这些保障措施主要通过法律形式确立和实施。《美国 1990 年残疾人法》是一部较为详尽的残疾人权利法案。该法案通过制定强制性的执行标准并清晰地界定联邦政府在该法案执行中的监督职责，对消除各种歧视行为做出了明确的规定。《美国 1990 年残疾人法》将“残疾”定义为导致一种或多种主要日常活动受限的身体或精神损伤，而且医院必须有这些损伤的记录。唯有具备以上条件者才被认定为残疾人。（Rothman，2013）在残疾人基本生活保障方面，美国社会保障局（Social Security Administration, SSA）为残疾人提供两种经济补助，用来直接改善残疾人的经济状况。这两种经济补助分别是社会保障残疾保险（social security disability insurance, SSDI）和生活补助金

（supplemental security income, SSI），这是美国政府向残疾人提供的最大的联邦经济补助项目。

在残疾人教育方面，美国政府有两种面向残疾人教育的资助：一种是面向各州的“公式性资助”（formula grants），这是一种非竞争性资助，资助的额度根据预先形成的公式决定；另一种是面向高等教育机构及其他非营利组织、用于研究和改进服务的“选择性资助”（discretionary grants），这是一种竞争性资助，即只有那些申请内容符合特殊教育项目办公室的资助理念、方向，被认为值得资助的项目才可获得资助。（朱逸杉，2012）

在残疾人就业方面，《美国1990年残疾人法》规定残疾人享有平等就业的权利，劳工部下设多个机构用来促进、监督和加强残疾人平等就业各类条款的执行，不同部门各司其职。残疾人雇佣政策办公室（ODEP）的主要职责是加强与企业、政府机构之间的联系与合作；联邦合同执行项目办公室（OFCCP）的主要职责是执行《康复法案》503条款、依据《美国1990年残疾人法》防止企业歧视残疾人、执行《协助越战老兵再适应法案》；就业与培训管理局（ETA）的主要职责是为培训残疾人、增加其就业机会提供资金及其他服务；公民权利中心（CRC）的主要职责是执行多项联邦法案。

在有关方便残疾人行动的基础设施建设方面，无障碍环境建设是美国残疾人社会政策的突出亮点。1961年，美国成为世界上第一个制定无障碍标准的国家。1990年颁布的《美国1990年残疾人法》规定，在城市公共交通等方面为残疾人出行和参与社会生活提供便利，在公共设施的设计与建设上，应充分考虑残疾人的特殊需求，并建造适合残疾人居住的无障碍住宅。（余艳萍、秦琴，2021）

二、英国残疾人福利政策

最早实现工业化的英国，是较早建立社会福利制度的国家之一。1601年英国政府颁布的《济贫法》中就已明确规定，要资助老人、盲人等丧失了劳动能力的人，为他们建立收容场所。1834年英国议会通过《济贫法（修正案）》，即《新济贫法》。《新济贫法》强调保障包括残疾人在内的公民的生存权利，认为救济不是消极行动，而是一项积极的福利举措。

英国残疾人福利政策的发展呈现规范化、法治化特色。自19世纪末以来，英国通过一系列法律法规的制定与完善，逐步建立起残疾人福利政策法规体系。其中，十分强调对残疾儿童教育福利的保障及其教育需求的满足。1921年颁布的《教育法》规定：残疾儿童主要在特殊学校或特殊班级接受教育，地方教育当局需为这些儿童提供独立的特殊教育机构。1944年的《教育法》对特殊教育做出新规定，地方教育委员会（LEA）要为特殊儿童提供比较充分且恰当的初等和中等教育，该法把残疾儿童划分为10类。另外，英国政府同样关注残疾人就业权利的保障，1934年制定的《失业法》以一般的健全失业者为对象，残疾人多属于特殊失业者，仍由《新济贫法》的社会救助办法加以救助。1944年颁布的《残疾人就业法》规定了残疾人的登记、雇佣比例、工作的保留及庇护工厂等事项，该法于1958年被修改，增加了接受就业重建与职业训练的年龄限制等内容。英国通过长期努力建立了完善的残疾人福利体制，以高福利支出和高水平福利为特点，其政策模式因国民保险制度的统一而呈现高度一致性。（李迎生、厉才茂 等，2008）

20世纪70年代，英国的社会福利政策开始进行较大调整。1970年颁布的《慢性病患者与残疾人法》强调对残疾人的就业培训，要求专业、专职、专门人员从事残疾人就业服务工作。（马洪路、中国社会工作教育协会，2007）另外，这部法律设立了残疾人再安置服务局，通过法律形式规定了企业按比例（3%）安置残疾人，极大地推动了残疾人就业权的实现。

英国政府在1970—1975年因过度干预和管理导致福利服务经费激增，财政压力巨大。撒切尔夫人于1979年当选首相后，大幅改革社会福利政策，减少政府责任，推进市场化，强调社会和个人责任，以缓解财政赤字压力。英国经过改革后的社会福利制度涵盖社会安全、保健服务、福利服务等多个体系，特别重视残疾人的利益，包括保险给付、康复护理和特殊机构服务。其残疾人社会福利政策以社会保险、社会救助和民间保险制度为基础。

英国残疾人福利政策自20世纪90年代起转向，使得部分工龄段残疾人权益受损，加剧了社会排斥。然而，随着人文关怀的呼声日益增强，政府开始更关注残疾人的愿望和需求，推动残疾人平等参与社会生活和共享社会资源的运动，从而促进福利政策与社会工作的发展。

第三节　中国残疾人社会政策

一、残疾人康复政策

《2022年残疾人事业发展统计公报》显示，截至2022年底，40.7万残疾儿童得到康复救助，856.7万残疾人得到基本康复服务，164.8万残疾人得到基本辅助器具适配服务。全国有残疾人康复机构11661个，康复机构在岗人员达32.8万人。我国全年完成康复专业技术人员规范化培训1.7万人，制定了《残联系统康复机构业务规范建设评估指南（试行）》，编写了全国残联系统康复专业技术人员规范化培训大纲23册。以上数据表明了我国在落实残疾人康复政策方面的重视程度。

（一）重要康复政策

《中华人民共和国残疾人保障法》规定：国家保障残疾人享有康复服务的权利。各级人民政府和有关部门应当采取措施，为残疾人康复创造条件，建立和完善残疾人康复服务体系，并分阶段实施重点康复项目，帮助残疾人恢复或者补偿功能，增强其参与社会生活的能力。为保障残疾人康复权利的实现，《中华人民共和国残疾人保障法》《残疾预防和残疾人康复条例》《国务院关于加快发展康复辅助器具产业的若干意见》做出了以下具体规定。

1. 总体方针

康复工作应当从实际出发，将现代康复技术与我国传统康复技术相结合；以社区康复为基础，康复机构为骨干，残疾人家庭为依托；以实用、易行、受益广的康复内容为重点，优先开展残疾儿童抢救性治疗和康复；发展符合康复要求的科学技术，鼓励自主创新，加强康复新技术的研究、开发和应用，为残疾人提供有效的康复服务。

2. 康复机构建设与服务开展

县级以上人民政府根据本行政区域残疾人数量、分布状况、康复需求等情况，制订康复机构设置规划，举办公益性康复机构，将康复机构设置纳入基本公共服务体系规划。

县级以上人民政府支持社会力量投资康复机构建设，鼓励多种形式举办康复机构。社会力量举办的康复机构和政府举办的康复机构在准入、执业、专业技术人员职称评定、非营利组织的财税扶持、政府购买服务等方面执行相同的政策。

康复机构应当依照有关法律、法规和标准、规范的规定，为残疾人提供安全、有效的康复服务。鼓励康复机构为所在区域的社区、学校、家庭提供康复业务指导和技术支持。残疾人联合会接受政府委托对康复机构及其服务质量进行监督。

3. 社区康复场所设立与服务开展

各级人民政府应当将残疾人社区康复纳入社区公共服务体系。县级以上人民政府有关部门、残疾人联合会应当利用社区资源，根据社区残疾人数量、类型和康复需求等设立康复场所，或者通过政府购买服务方式委托社会组织，组织开展康复指导、日常生活能力训练、康复护理、辅助器具配置、信息咨询、知识普及和转介等社区康复工作。

城乡基层群众性自治组织应当鼓励和支持残疾人及其家庭成员参加社区康复活动，融入社区生活。

4. 康复服务要求

提供残疾人康复服务，应当针对残疾人的健康、日常活动、社会参与等需求进行评估，依据评估结果制订个性化康复方案，并根据实施情况对康复方案进行调整优化。制订、实施康复方案，应当充分听取、尊重残疾人及其家属的意见，告知康复措施的详细信息。提供残疾人康复服务，应当保护残疾人隐私，不得歧视、侮辱残疾人。

5. 康复人才培养

医学院校和其他有关院校应当有计划地开设康复课程，设置相关专业，培养各类康复专业人才。

从事残疾人康复服务的人员应当具有人道主义精神，遵守职业道德，学习掌握必要的专业知识和技能并能够熟练运用；有关法律、行政法规规定需要取得相应资格的，还应当依法取得相应的资格。

6. 康复器械提供

政府有关部门还应当组织和扶持残疾人康复器械、生活自助器具、特殊用品以及其他辅助器具的研制、生产、供应、维修服务。国家为符合条件的康复辅助器具企业提供税收优惠、金融支持和财政引导；通过将基本的治疗性康复辅助器具逐步纳入基本医疗保险支付范围，完善康复辅助器具工伤保险支付制度，合理确定支付范围，有条件的地方对城乡贫困残疾人、重度残疾人基本型康复辅助器具配置给予补贴，让更多的残疾人能够使用康复器械。

（二）其他康复政策

2021 年 8 月 16 日，中国残疾人联合会（简称“中国残联”）联合教育部、民政部等部门发布了《“十四五”残疾人康复服务实施方案》。该方案的任务目标是：着力构建与经济社会发展相协调、与残疾人康复需求相适应的残疾人康复保障制度和服务体系；着力增强专业化康复服务能力，提升残疾康复服务质量，进一步满足城乡残疾人基本康复服务需求。其主要包括以下措施。

1. 完善残疾人康复保障政策

（1）加强残疾人医疗康复保障。帮助残疾人按规定加入基本医疗保险，对符合条件的残疾人参加城乡居民基本医疗保险个人缴费部分给予补贴。进一步落实将 29 项医疗康复项目纳入基本医疗保险支付范围的政策，按规定做好城乡居民重性精神病药物维持治疗医保参保患者门诊保障工作。开展长期护理保险试点的地区，按规定将符合待遇享受条件的残疾人纳入保障范围。加强残疾人医疗救助，做好医疗救助与基本医疗保险、大病保险的互补衔接。

（2）完善残疾人康复专项保障政策。全面实施残疾儿童康复救助制度，做好儿童残疾筛查、诊断、康复救助衔接，鼓励有条件的地区提高救助标准、扩大救助范围。推动有条件的地区出台政策、建立制度，对残疾人基本辅助器具适配等康复服务给予补贴。

2. 加强残疾人康复服务体系建设

（1）贯彻落实《关于加快推进康复医疗工作发展的意见》，加强康复医院、康复医疗中心和综合医院康复医学科建设。推动医疗资源丰富地区的部分一级、二级医院转型为康复医院。支持举办规模化、连锁化康复医疗中心，增加提供康复医疗服务的医疗机构数量。加强县级医院和基层医疗机构康复医疗能力建设，支持有条件的基层医疗机构开设康复医疗门诊，为残疾人提供便捷、专业的康复医疗服务。

（2）加强残疾人专业康复机构建设。支持国家级康复机构增强自主创新能力，开展人才培养、业务指导，充分发挥全国残疾人康复技术资源中心作用。着力提升省（区、市）残疾人康复中心、听力语言康复中心、残疾人辅助器具中心业务规范建设水平。积极健全市（地、州、盟）残疾人康复机构，全面开展残疾人康复中心、听力语言康复中心、残疾人辅助器具中心相应业务。推动县（市、区）普遍建立残疾人康复服务设施，因地制宜，开展残疾儿童康复训练以及康复辅助器具展示、租赁、咨询等服务。完善标准、规范，组织开展评估，推动残疾人专业康复机构贯彻全面康复理念，完善服务功能，提升规范建设和服务水平。

（3）深化残疾人社区康复。贯彻落实《残疾人社区康复工作标准》《精神障碍社区康复服务工作规范》，立足社区资源、条件，完善康复设施、队伍，开展日间照料、工疗、娱疗、康复辅助器具租赁等适宜康复服务。深化残疾人家庭医生签约服务，依托家庭医生签约服务团队为残疾人就近就便提供康复医疗、训练、护理、指导等服务。发挥残疾人主体作用，推广开展脊髓损伤患者“希望之家”、精神障碍患者家属专家等残疾人自助、互助康复项目。

3. 提升残疾人康复服务专业化水平

（1）加强康复人才教育培养。加强临床医学、特殊教育、社会工作等专业教育中的康复知识、能力培养，普及残疾人康复专业知识。持续推进康复医学科住院医师规范化培训，探索开展康复医学科医师转岗培训，增加从事康复医疗工作的医师数量。支持有条件的院校设置康复治疗、康复工程等专业，增加康复治疗专业人才培养供给。加快建设高起点、高水平、国际化的康复大学。

（2）强化康复工作人员岗位培训。推进康复医疗从业人员培训，有计划分层次对医疗机构正在从事和拟从事康复医疗工作的人员开展培训。加强全科医生、家庭医生签约团队培训，提升基层康复医疗服务能力。开展残疾人专业康复机构专业技术人员规范化培训，统一编写教学大纲，分级完善培训基地，实现所有在岗及新进专业技术人员规范化培训全面覆盖。

（3）推进残疾人康复相关职业建设。完善残疾人康复相关职业分类、职业标准，加强职业能力评价，畅通残疾人康复从业人员职业晋升通道。制定康复辅助技术咨询师等职业标准，开展助听器验配师、假肢师、矫形器师、假肢装配工、矫形器装配工等人员培训。持续做好康复医学、康复治疗技术专业技术资格考试、职称评审。推进康复医疗、康复工程、特殊教育等专业领域职称工作，支持各类康复专业技术人员参加社会化职称评审。

（4）加强残疾人康复科技创新。推动残疾人康复纳入各级政府科技计划、专项、基金等，加强康复评估、治疗技术和康复辅助器具产品等研发，促进生命健康、人工智能等领域先进科学技术在残疾人康复领域示范应用。加强残疾人康复信息化建设，大力推动开展“互联网＋”康复（辅助器具）服务，充分运用云计算、大数据、物联网等技术，创新发展康复服务新模式、新业态、新技术，提高康复服务效率、质量。

4. 实施残疾人精准康复服务行动

（1）主动调查、掌握残疾人康复需求。开展全国残疾人基本服务状况和需求调查，定期掌握残疾人康复需求与服务状况。规范界定残疾人基本康复服务内容，做好康复服务状况与需求调查培训，不断提高调查数据质量。

（2）组织提供残疾人基本康复服务。依据残疾人康复需求调查结果，分级制订年度康复服务计划，以县（市、区）为单位，组织相关专业机构、家庭医生签约服务团队等力量，通过上门服务、实施转介等方式，为残疾人提供或帮助残疾人获得康复医疗、训练、护理、辅助器具适配等基本康复服务。

（3）保障基本康复服务质量。修订残疾人基本康复服务目录，细化残疾人康复服务项目。针对不同残疾类别、不同康复服务项目，制定、完善康复服务标准、规范。健全残疾人康复服务质量监测体系，开展服务质量评价、满意度调查，有效保障基本康复服务质量。

二、残疾人教育政策

第二次全国残疾人抽样调查数据显示：全国残疾人口中，具有大学文化程度（指大专及以上）的残疾人为94万人，高中文化程度（含中专）的残疾人为406万人，初中文化程度的残疾人为1248万人，小学文化程度的残疾人为2642万人。15岁及以上残疾人文盲人口（不识字或识字很少的人）为3591万人，文盲率为43.29%。[①] 这一数据表明，我国残疾人的受教育程度较低。由于残疾人特殊的身体状况，针对残疾人这一群体的特殊教育学校数量十分有限，这增加了残疾人受教育的难度。此外，残疾人家庭的贫困比例较高、残疾人入学受到种种因素的限制、相关部门政策不够灵活等情况，都严重影响了我国残疾人受教育水平的提高。

（一）重要教育政策

在残疾人教育工作方面，《残疾人教育条例》规定：国家保障残疾人享有平等接受教育的权利，禁止任何基于残疾的教育歧视。残疾人教育是国家教育事业的组成部分。

1. 教育方针

发展残疾人教育事业，实行普及与提高相结合、以普及为重点的方针，保障义务教育，着重发展职业教育，积极开展学前教育，逐步发展高级中等以上教育。残疾人教育应当提高教育质量，积极推进融合教育，根据残疾人的残疾类别和接受能力，采取普通教育方式或者特殊教育方式，优先采取普通教育方式。

① 资料来源：《中国发布第二次全国残疾人抽样调查主要数据公报》。

2. 义务教育

各级人民政府应当依法履行职责，保障适龄残疾儿童、少年接受义务教育的权利。适龄残疾儿童、少年的父母或者其他监护人，应当依法保证其残疾子女或者被监护人入学接受并完成义务教育。残疾儿童、少年接受义务教育的入学年龄和年限，应当与当地儿童、少年接受义务教育的入学年龄和年限相同；必要时，其入学年龄和在校年龄可以适当提高。

政府通过两种方式为残疾儿童、少年接受义务教育提供条件：一是优先在部分普通学校中建立特殊教育资源教室，配备必要的设备和专门从事残疾人教育的教师及专业人员，指定其招收残疾儿童、少年接受义务教育；二是加强九年一贯制义务教育特殊教育学校建设，并为实施义务教育的特殊教育学校配备必要的残疾人教育教学、康复评估和康复训练等仪器设备。

适龄残疾儿童、少年能够适应普通学校学习生活、接受普通教育的，依照《中华人民共和国义务教育法》的规定就近到普通学校入学接受义务教育。适龄残疾儿童、少年能够接受普通教育，但是学习生活需要特别支持的，根据身体状况就近到县级人民政府教育行政部门在一定区域内指定的具备相应资源、条件的普通学校入学接受义务教育。适龄残疾儿童、少年不能接受普通教育的，由县级人民政府教育行政部门统筹安排进入特殊教育学校接受义务教育。适龄残疾儿童、少年需要专人护理，不能到学校就读的，由县级人民政府教育行政部门统筹安排，通过提供送教上门或者远程教育等方式实施义务教育，并纳入学籍管理。

3. 职业教育

残疾人职业教育应当大力发展中等职业教育，加快发展高等职业教育，积极开展以实用技术为主的中期、短期培训，以提高就业能力为主，培养技术技能人才，并加强对残疾学生的就业指导。

残疾人职业教育由普通职业教育机构和特殊职业教育机构实施，以普通职业教育机构为主。普通职业学校不得拒绝招收符合国家规定的录取标准的残疾人入学，普通职业培训机构应当积极招收残疾人入学。

4. 学前教育

各级人民政府应当积极采取措施，逐步提高残疾幼儿接受学前教育的比例。县级人民政府及其教育行政部门、民政部门等有关部门应当支持普通幼儿园创造条件招收残疾幼儿；支持特殊教育学校和具备办学条件的残疾儿童福利机构、残疾儿童康复机构等实施学前教育。

残疾幼儿的教育应当与保育、康复结合实施。招收残疾幼儿的学前教育机构应当根据自身条件配备必要的康复设施、设备和专业康复人员，或者与其他具有康复设施、设备和专业康复人员的特殊教育机构、康复机构合作对残疾幼儿实施康复训练。

5. 普通高级中等以上教育及继续教育

普通高级中等学校、高等学校、继续教育机构应当招收符合国家规定的录取标准的残疾考生入学，不得因其残疾而拒绝招收。

设区的市级以上地方人民政府可以根据实际情况举办实施高级中等以上教育的特殊教育学校，支持高等学校设置特殊教育学院或者相关专业，提高残疾人的受教育水平。

（二）其他教育政策

除了极为重要的《中华人民共和国残疾人保障法》《残疾人教育条例》之外，我国还在宏观和微观方面制定了多项政策，以保障残疾人的受教育权。

我国颁布的《中华人民共和国义务教育法》（1986 年）中明确提出：地方各级人民政府为盲、聋哑和弱智的儿童、少年举办特殊教育学校（班）。后来，残疾人教育事业被写入《中国残疾人事业五年工作纲要（1988 年—1992 年）》。此外，还有《中国残疾人联合会关于印发〈第三次全国残疾人事业工作会议纪要〉的通知》《中国残疾人事业“八五”计划纲要（1991 年—1995 年）》《中国残联 1994 年工作要点》《中国残疾人事业“九五”计划纲要（1996 年—2000 年）》《中国残疾人事业“十五”计划纲要（2001 年—2005 年）》等。

2003 年至今，我国残疾人教育事业处于稳定发展阶段。除了在宏观层面颁布《中国残疾人事业“十一五”发展纲要（2006 年—2010 年）》（2006 年）、《中国残疾人事业“十二五”发展纲要》(2011 年)、《中共中央、国务院关于促进残疾人事业发展的意见》(2008 年)、《关于进一步加快特殊教育事业发展的意见》(2009 年)等政策法规之外，在微观层面也落实了各种措施。例如，《关于深入推进盲人计算机培训工作的通知》(2012 年)中涉及师资力量的培训，《残疾人中等职业学校设置标准》(2022 年)对残疾人中等职业学校的设立进行了详细规定，《教育部、文化部、国家广电总局、中国残联关于举办第五届全国盲、聋、培智学校学生艺术汇演的通知》(2007 年)中涉及特殊教育学校的艺术人才培养。

此外，教育部、中国残联印发的《残疾人参加普通高等学校招生全国统一考试管理规定》对各级招生考试机构遵循高考基本原则、残疾人参加高考的具体标准条件、残疾人参加高考无障碍环境建设要求等方面做出了明确规定，为残疾人参加高考提供了平等机会和便利。

三、残疾人就业政策

（一）残疾人就业政策体系

《中华人民共和国宪法》规定：国家和社会帮助安排盲、聋、哑和其他有残疾的公民的劳动、生活和教育。我国为保障残疾人的就业权利，鼓励企事业单位吸收残疾人就业。在国家法律、行政法规和部门规章制度等层面制定了许多政策法规。

首先，在国家法律层面，为确保残疾人就业，我国以《中华人民共和国宪法》为核心，颁布了《中华人民共和国残疾人保障法》，其中专门就保障残疾人劳动就业权利做出规定，明确了残疾人集中就业安置、按比例安排就业、自主择业、自主创业、就业扶持、就业优惠政策、就业服务和权益保障等方面的具体要求。

其次，在行政法规层面，国务院残疾人工作委员会根据国家每个“五年规划”纲要制定残疾人事业“五年规划”纲要和发展目标，为残疾人事业发展提供指导。例如，《中国残疾人事业“八五”计划纲要（1991 年—1995 年）》中将提高残疾人劳动就业率作为目标之一；《中国残疾人事业“九五”计划纲要（1996 年—2000 年）》中指出残疾人就业率应达到80%，要为可以就业的残疾人提供基本的职业培训；《中国残疾人事业“十一五”发展纲要（2006年—2010年）》中指出要加强残疾人事业信息化建设。在《中华人民共和国残疾人保障法》的指导下，国务院颁布的《残疾人就业条例》以残疾人就业保护和就业促进为宗旨，完善和强化了保护性就业制度，明确了促进就业的保障措施和服务措施，规定了政府、社会及用人单位等各方面的法律责任和义务。

最后，在部门规章制度层面，《国家计委、劳动部、民政部、中国残联关于在部分城市开展残疾人劳动就业服务和按比例就业试点工作的通知》的发布，对残疾人就业服务机构建设方面提出了明确要求。之后，残疾人就业服务机构的建设逐步完善，并在原有基础上逐渐扩展到了农村，越来越多的相关规章制度也陆续出台。例如，《残疾人就业“九五”实施方案》致力于推动形成残疾人就业服务网络，促进城镇残疾人就业。《关于建立和完善残疾人服务社并进行企业法人登记注册的通知》中提到，要在已有残疾人就业服务所的基础上，进一步建立和完善面向农村的残疾人服务体系。《关于完善残疾人就业保障金制度　更好促进残疾人就业的总体方案》第二十一条规定：压实部门责任。各级政府和相关部门要将保障残疾人劳动就业权益放在重要位置，明确各方责任，分工合作，齐抓共管，形成合力。

（二）重要就业政策

《中华人民共和国残疾人保障法》和《残疾人就业条例》在残疾人的就业方式、就业促进、就业保护和培训等三个方面做出了规定。

首先，在残疾人就业方式方面，规定残疾人劳动就业实行集中与分散相结合的方针，采取优惠政策和扶持保护措施，通过多渠道、多层次、多种形式，使残疾人劳动就业逐步普及、稳定、合理。政府和社会举办残疾人福利企业、盲人按摩机构和其他福利性单位，集中安排残疾人就业。集中使用残疾人的用人单位中从事全日制工作的残疾人职工，应当占本单位在职职工总数的25%以上。国家实行按比例安排残疾人就业制度。用人单位安排残疾人就业的比例不得低于本单位在职职工总数的1.5%。国家鼓励用人单位超过规定比例安排残疾人就业。用人单位安排残疾人就业达不到其所在地省、自治区、直辖市人民政府规定比例的，应当缴纳残疾人就业保障金。政府有关部门鼓励、帮助残疾人自愿组织起来从业或者个体开业。

其次，在残疾人就业促进方面，国家对残疾人福利性企业事业组织和城乡残疾人个体劳动者实行税收减免政策及其他扶持政策。政府有关部门下达职工招用、聘用指标时，应当确定一定数额用于残疾人。对于申请从事个体经营的残疾人，有关部门应当优先核发营业执照，并在其他方面给予照顾和帮助。

最后，在残疾人就业保护和培训方面，国家保护残疾人福利性单位的财产所有权和经营自主权，其合法权益不受侵犯。在职工的招用、转正、晋级、职称评定、劳动报酬、生活福利、休息休假、社会保险等方面，不得歧视残疾人。对国家分配的高等学校、中等专业学校、技工学校的残疾毕业生，有关单位不得因其残疾而拒绝接收。残疾职工所在单位应当根据残疾职工的特点，提供适当的劳动条件和劳动保护。此外，残疾职工所在单位应当对残疾职工进行岗位技术培训，提高其劳动技能和技术水平。

四、残疾人社会保障政策

（一）社会保险和社会救助

1. 社会保险

在社会保险方面，我国通过立法保障残疾人享有各项社会保障的权利。这在一些立法性政策上有所体现，最具代表性的法律文件是《中华人民共和国残疾人保障法》，其中第四十六条规定：政府和社会采取措施，完善对残疾人的社会保障，保障和改善残疾人的生活。同时，第四十七条规定：残疾人及其所在单位应当按照国家有关规定参加社会保险。残疾人所在城乡基层群众性自治组织、残疾人家庭，应当鼓励、帮助残疾人参加社会保险。对生活确有困难的残疾人，按照国家有关规定给予社会保险补贴。

郑功成在《残疾人社会保障：现状及发展思路》一文中指出：根据2006年的残疾人抽样调查资料，可以发现一个无法回避的客观事实，即残疾人社会保障的缺失。在城镇残疾人中，只有275万人享受到城镇居民最低生活保障，仅占城镇残疾人总数的

13.28%。城镇16岁及以上残疾人参加养老、医疗、工伤、失业社会保险的比例分别为27.87%、36.83%、1.11%、1.35%。社会保障制度建设的无序正在影响着残疾人保障事业的健康发展。在现行社会保障制度建设中，由于缺乏统筹规划和总体设计，在基本社会保障制度覆盖面窄、有效性不高的条件下，残疾人社会保障还存在着被割裂的危险，这为残疾人社会保障事业的健康有序发展留下了隐患。总之，中国经济发展成就举世瞩目，而中国的残疾人社会保障仍然处于严重缺失的阶段，这种现实意味着残疾人确实尚未合理分享到国家的发展成果。（郑功成，2008）这需要政府不仅要完善现有的保障制度，为残疾人提供切实可行的政策性支持，还要为残疾人提供充分的物质支持。

2. 社会救助

在社会救助方面，为进一步落实国家对残疾人基本生活保障的相关政策，《中华人民共和国残疾人保障法》要求各级人民政府对生活确有困难的残疾人，通过多种渠道给予生活、教育、住房和其他社会救助。例如，有残疾人特困临时补助、贫困残疾人参加养老保险补助、低保残疾人生活补助、低保边缘重度残疾人生活补助等。承担这一职责的主体则主要为县级以上地方人民政府，以及由国家鼓励和扶持社会力量创办的残疾人供养、托养机构等。县级以上地方人民政府对享受最低生活保障待遇后生活仍有特别困难的残疾人家庭，应当采取其他措施保障其基本生活；各级人民政府对贫困残疾人的基本医疗、康复服务、必要的辅助器具的配置和更换，应当按照规定给予救助；对生活不能自理的残疾人，地方各级人民政府应当根据情况给予护理补贴；对无劳动能力、无扶养人或者扶养人不具有扶养能力、无生活来源的残疾人，地方各级人民政府应按照规定予以供养。残疾人供养、托养机构及其工作人员不得侮辱、虐待、遗弃残疾人。

（二）法律援助和司法救助

对残疾人实施法律援助和司法救助，主要是要依照国家相关的法律法规及司法解释进行，其包含在国家现行的法律援助和司法救助制度之内。法律援助和司法救助的对象主要是经济困难的公民。考虑到残疾人的特殊困难，残疾人保障法还特别规定，除了向经济困难的残疾人提供法律援助和司法救助外，还向有其他原因确需要法律援助和司法救助的残疾人提供。法律救助机构或者人民法院在向残疾人提供法律援助和司法救助的同时，还应当给予其他相关帮助。

1. 法律援助

法律援助是指对于经济困难的公民给予必要的法律服务，包括法律咨询、代理、刑事辩护等无偿法律服务。对想诉讼而因经济困难无法获得必要的法律服务的公民，实行法律援助制度，是国际上通行的做法。我国在《中华人民共和国刑事诉讼法》《中华人民共和国律师法》等法律中对这一制度做出了规定，2003 年 9 月 1 日起实施的《法律援助条例》对法律援助制度更是做出了具体的规定。

根据《法律援助条例》第十二条的规定：被告人是盲、聋、哑人或者未成年人而没有委托辩护人的，或者被告人可能被判处死刑而没有委托辩护人的，人民法院为被告人指定辩护时，法律援助机构应当提供法律援助，无须对被告人进行经济状况的审查。如果残疾人申请法律援助，应当提交本人身份证或者其他有效的身份证明，代理申请人应当提交有代理权的证明。同时还应当提交本人经济困难的证明，以及与所申请法律援助事项有关的案件材料。

申请法律援助应当采用书面形式，填写申请表；以书面形式提出申请确有困难的，可以口头申请，由法律援助机构工作人员或者代为转交申请的有关机构工作人员做书面记录。对于公民的申请，由法律援助机构负责受理、审查、指派或者安排人员为符合规定的公民提供法律援助。

2. 司法救助

司法救助是指人民法院对于当事人为维护自己的合法权益，向人民法院提起民事、行政诉讼，但经济确有困难的，实行诉讼费的缓交、减交、免交制度。实行司法救助制度的目的是使经济确有困难的当事人能够依法行使诉讼权利，维护其合法权益。最高人民法院审判委员会于 2000 年 7 月通过了《最高人民法院关于对经济确有困难的当事人予以司法救助的规定》，2005 年 4 月又对该规定进行了修订。根据新修订的《最高人民法院关于对经济确有困难的当事人提供司法救助的规定》，可以向人民法院申请司法救助的当事人包括：没有固定生活来源的残疾人、患有严重疾病的人。根据《诉讼费用交纳办法》规定：当事人申请司法救助，符合下列情形之一的，人民法院应当准予免交诉讼费用。其中一种情形为：残疾人无固定生活来源的。残疾人需要申请司法救助的，如果符合司法救助的范围，可以在起诉或者上诉时提交申请司法救助的书面申请和足以证明其确有经济困难的证明材料。

五、残疾人权益保护政策

（一）保障残疾人合法权益的专门法规和规章

法律规定的残疾人合法权益主要包括康复、教育、劳动就业、文化生活、社会保障、无障碍环境等方面。国家为了保障残疾人权利的实现，专门制定了适用于残疾人的特殊法规。残疾人权益保障方面的法律、行政法规主要有《关于对残疾人员个体开业给予免征营业税照顾的通知》（1984 年通过）、《中华人民共和国残疾人保障法》（1990 年通过、2008 年修订、2018 年修正）、《社会福利企业管理暂行办法》（1990 年通过）、《残疾人教育条例》（1994 年发布、2017 年修正通过）、《残疾人就业保障金管理暂行规定》（1995 年通过）、《残疾人专用品免征进口税收暂行规定》（1997 年通过）、《关于进一步做好残疾人劳动就业工作的若干意见》（1999 年通过）、《残疾人就业条例》（2007 年通过）、《无障碍环境建设条例》（2012 年通过）。目前，我国初步形成了以《中华人民共和国残疾人保障法》为主导，以《残疾人就业条例》《残疾人教育条例》《残疾预防和残疾人康复条例》《无障碍环境建设条例》等四个条例为支撑的“一法四条例”残疾人法律体系。此外，其他刑事、民事、行政等方面的法律法规也有一些涉及残疾人权利保护的内容，体现了对残疾人专门性法律保护和综合性法律保护的统一。

《关于对残疾人员个体开业给予免征营业税照顾的通知》于 1984 年由财政部税务总局发布，该通知规定：对残疾人员个人从事劳务、修理、服务性业务取得的收入，免征营业税；对残疾人员个人从事商业经营的，如营业额较小，纳税后生活有困难的，可由省、自治区、直辖市税务局给予定期减免税照顾。1990 年 12 月 28 日，第七届全国人民代表大会常务委员会第十七次会议审议通过了《中华人民共和国残疾人保障法》。该法的实施，标志着我国残疾人事业走上了法治的轨道。2008 年 4 月 24 日，第十一届全国人民代表大会常务委员会第二次会议修订了《中华人民共和国残疾人保障法》。《中华人民共和国残疾人保障法》贯彻以人为本的科学发展观，通过大力发展残疾人事业，切实保障残疾人各项基本权利，该法规定：残疾人在政治、经济、文化、社会和家庭生活等方面享有同其他公民平等的权利。国家采取辅助方法和扶持措施，对残疾人给予特别扶助，减轻或者消除残疾影响和外界障碍，保障残疾人权利的实现。全社会应当发扬人道主义精神，理解、尊重、关心、帮助残疾人，支持残疾人事业。残疾人的扶养人必须对残疾人履行扶养义务。另外，该法还规定：残疾人的合法权益受到侵害的，可以向残疾人组织投诉，残疾人组织应当维护残疾人的合法权益，有权要求有关部门或者单位查处。有关部门或者单位应当依法查处，并予以答复。这为残疾人保护自身合法权益提供了明确的途径。

《社会福利企业管理暂行办法》于 1990 年 9 月 15 日由民政部等单位发布，规定对安置残疾人员达到一定比例的企业，实行税收减免。《残疾人教育条例》在《中华人民共和国残疾人保障法》的基础上对如何维护和实现残疾人受教育的权利做了进一步规定。《残疾人教育条例》于 1994 年 8 月由国务院发布。该条例明确规定了团体、社会、学校、家庭对残疾人有实施教育的义务和责任，是保障残疾人受教育权利，促进各级、各类残疾人教育发展的重要法规。《残疾人就业保障金管理暂行规定》于 1995 年由财政部发布，对残疾人就业保障金的收缴、管理、使用做出规定。《残疾人专用品免征进口税收暂行规定》于 1997 年 1 月 22 日由国务院批准，对有关残疾人专用品进口免征关税、增值税、消费税做出了规定。《关于进一步做好残疾人劳动就业工作的若干意见》于 1999 年由劳动保障部等单位制定，国务院办公厅转发，明确了残疾人劳动就业的工作方针和今后一个时期的主要任务，全面系统地提出了残疾人劳动就业工作各个方面的政策和基本要求。《残疾人就业条例》于 2007 年 2 月由国务院制定，该条例规定：用人单位安排残疾人就业的比例不得低于本单位在职职工总数的 1.5%。用人单位安排残疾人就业达不到其所在地省、自治区、直辖市人民政府规定比例的，应当缴纳残疾人就业保障金。这是促进残疾人就业的重要措施。

此外，各省、自治区、直辖市均制定了残疾人保障法实施办法等法规，许多县及乡镇也出台了扶助残疾人的优惠政策。

（二）《中华人民共和国民法典》中关于残疾人权益保障的内容

2020年5月28日，第十三届全国人民代表大会第三次会议通过的《中华人民共和国民法典》（简称《民法典》）中直接涉及残疾人权益保障的内容近30条，中国残联将其总结为四个方面：第一，《民法典》充分肯定残疾人作为民事主体的平等地位，注重残疾人民事权利的平等保护，第1041条明确规定“保护妇女、未成年人、老年人、残疾人的合法权益”。同时，《民法典》也注重对残疾人民事权利的特殊保护。第二，《民法典》进一步完善了民事行为能力制度和监护制度。第三，《民法典》强化了涉及残疾人的侵权责任划分。第四，《民法典》还强化了与残疾人有关的社会责任。

六、残疾人无障碍环境建设政策

1986年，我国城乡建设环境保护部开始制定《方便残疾人使用的城市道路和建筑物设计规范》，于1989年颁布施行。1990年，我国颁布的《中华人民共和国残疾人保障法》对无障碍设施的建设和改造、无障碍信息交流、无障碍公共空间、无障碍政治参与等方面提出了要求。1996年，我国颁布的《中华人民共和国老年人权益保障法》对无障碍建设工作做了具体要求。2000年，我国建设部在总结无障碍环境建设经验和问题的基础上，组织对《方便残疾人使用的城市道路和建筑物设计规定》进行了修订，并于2001年8月1日与民政部、中国残联联合发布了新修订的《城市道路和建筑物无障碍设计规范》。该规范有24条内容列入国家强制性标准条文，必须执行，不执行将按照有关规定进行处罚。中国民用航空总局于2000年12月27日发布了《民用机场旅客航站区无障碍设施设备配置标准》。2004年3月1日，建设部、教育部联合颁布了《特殊教育学校无障碍设计规范》。2005年6月4日，铁道部发布了《铁路旅客车站无障碍设计规范》。交通运输部也在长途汽车站、码头建设标准中，纳入了无障碍建设的内容。

相关标准的制定实施，规范了无障碍环境的建设。2012 年 6 月 13 日，我国《无障碍环境建设条例》经国务院第 208 次常务会议通过，并以中华人民共和国国务院令第 622 号公布。《中华人民共和国残疾人保障法》的修订通过和《无障碍环境建设条例》的出台，为推进中国无障碍建设发展提供了更有力的法律保障。

为进一步推动无障碍环境建设，2022 年 4 月 22 日，中国残联制定了《无障碍环境建设“十三五”实施方案》，其主要措施包括：依法开展无障碍环境建设，健全无障碍建设工作机制，完善无障碍环境建设相关政策、标准，等等。2023 年 6 月 28 日，第十四届全国人民代表大会常务委员会第三次会议通过《中华人民共和国无障碍环境建设法》，于 2023 年 9 月 1 日起施行。作为我国无障碍环境建设专门性法律，这部法律对无障碍环境做了细致的分类，包括总则、无障碍设施建设、无障碍信息交流、无障碍社会服务、保障措施、监督管理、法律责任、附则等内容。可以说，无障碍环境建设是保障残疾人、老年人等群体权益的重要内容，对促进社会融合和人的全面发展具有重要意义。制定无障碍环境建设法，是坚持以人为本、尊重和保障人权的重要体现，是实施积极应对人口老龄化国家战略的必然要求，是切实提高无障碍环境建设质量的有力保障。

七、残疾人文化体育政策

相比于健全人，残疾人整体参加精神文化活动的频率较低、人数较少，其所享有的机会也较少，导致残疾人的精神文化生活普遍较为匮乏。

为了进一步丰富残疾人的文化、体育生活，发挥残疾人在艺术、体育方面的特殊作用，展示残疾人才华，增进社会理解与沟通，《中国残疾人事业“十五”计划纲要（2001 年—2005 年）》指出，公共文化机构要为残疾人提供服务；要广泛开展文化体育活动并吸引残疾人参加，使经常参加体育健身活动的残疾人比例达到 10%，参加特奥运动的智力残疾人数量从 5 万增加到 50 万；培育特殊艺术人才参加国内外演出和交流；提高残疾人体育运动水平，办好第六届全国残疾人运动会、第三届全国特奥运动会，组织参加第八届“远南”残疾人运动会、第十二届残疾人奥运会等重大赛事。《中国残疾人事业“十二五”发展纲要》提出：加强残疾人公共文化和体育健身服务，进一步丰富残疾人精神文化生活。

在政策保障方面，《中华人民共和国残疾人保障法》规定：国家保障残疾人享有平等参与文化生活的权利。各级人民政府和有关部门鼓励、帮助残疾人参加各种文化、体育、娱乐活动，积极创造条件，丰富残疾人精神文化生活。

思考题

（1）当前国际上的残疾人社会政策包括哪些方面的内容？

（2）国外残疾人立法的主要内容有哪些？

（3）我国的社会保障制度中，针对残疾人制定了哪些社会政策？

第七章　残疾人组织

学习活动

（1）提到残疾人组织，你首先会想到什么？

（2）请你动动手，搜索一下有哪些残疾人组织，并和大家一起分享。

第一节　中国残疾人组织的发展历程

残疾人社会工作的基础在残疾人组织，没有完善健全的残疾人组织，就难以进行残疾人社会工作。中国残疾人组织的发展历程，是中国残疾人社会工作由收养救济型向全面满足残疾人需求型转变的过程，也是残疾人由被怜悯、施舍、救养到主动参与社会生活、共享文明成果的过程。（奚从清、林清和，2013：226）本节对中国的国家残疾人组织、民间残疾人组织和基层残疾人组织的发展历程进行了梳理。

一、国家残疾人组织

中国是一个历史极为悠久的文明古国，其传统文化深受儒家、道家和佛家思想的影响，素有扶贫济困、尊老爱幼、慈善助残的传统观念，历代统治者为了稳定社会、安定民心、巩固自己的统治，往往会采取“慈幼”“养老”“赈灾”“宽疾”等施政措施。先秦时期，社会慈善救济制度已初步形成。唐宋至明清的封建统治者普遍设立养济院，以收养残疾人及其他贫民。

19世纪初，由于西方传教士的渗入，我国沿海地区出现了教会主办的慈善机构，主要是育婴堂和盲童学校、聋哑学校。20世纪40年代，我国民间出现了“中国盲民福利会”和“中华聋哑协会”，但由于得不到政府的支持，不久便名存实亡了。

回顾几千年的中国社会，可以看出残疾人处在社会的最底层，是受怜悯、施舍、救济的对象，历代统治者不可能帮助残疾人建立起自己的组织。残疾人摆脱贫困，获得新生的愿望，只能在社会主义的新中国得以实现。

中华人民共和国成立后，为了有步骤地做好残疾人工作，中央人民政府在1953年改造了“中国盲民福利会”，成立了中国盲人福利会，由时任中央人民政府内务部（今中华人民共和国民政部）部长的谢觉哉担任主任委员。1956年2月，中国聋哑人福利会在北京成立，由时任中国人民救济总会秘书长的伍云甫担任主任委员。随着中国残疾人工作的进一步开展，考虑到中国盲人福利会和中国聋哑人福利会性质相同、任务相近，为便于统一领导，经国务院批准，我国相关部门于1960年5月在北京成立了中国盲人聋哑人协会，由盲人和聋人分别担任主任和副主任。中国盲人聋哑人协会是政府领导下的全国盲人、聋人及残疾人工作者的群众组织，尽管其工作范围只涉及两类残疾人，但它却开启了残疾人参与组织管理自身事务的新阶段。之后，中国盲人聋哑人协会的地方组织也相继建立。

“文化大革命”期间，中国的残疾人组织全面停止了活动，直至1978年8月，国务院批准恢复中国盲人聋哑人协会工作，并于1980年4月，在北京召开了中国盲人聋哑人协会第三届全国代表大会，选举产生了新的协会领导班子。会后，全国多个省、自治区、直辖市先后恢复了协会活动，部分县也恢复了活动或新建了协会，我国的盲人、聋人组织开始出现新的局面。

中国共产党第十一届中央委员会第三次全体会议以后，我国的政治、经济形势发生了根本性变化，残疾人工作也出现了新的局面。为了宣传残疾人事业，呼吁社会理解、尊重、关心、帮助残疾人，筹集发展残疾人事业的经费，筹建中国肢残人康复中心，部分残疾人发起成立中国残疾人福利基金会，这一行动得到民政部门和卫生部门的大力支持。胡子昂等 8 名中国人民政治协商会议全国委员在中国人民政治协商会议第六届全国委员会第一次会议上建议成立中国残疾人福利基金会。不久，国务院采纳了这个建议，中国残疾人福利基金会于 1984 年 3 月正式成立，名誉理事长由王震担任，时任民政部部长的崔乃夫担任理事长，邓朴方等四人担任副理事长，一年后邓朴方担任理事长。在党和政府的亲切关怀下，在海内外各界人士的大力支持下，中国残疾人福利基金会取得了较大的成绩，包括：大力宣传人道主义和中国残疾人事业；基金募集数额不断扩大，特别是打开和拓展了海外募捐的渠道；大量资金投入残疾人的康复、教育和就业培训以及基层残疾人基础设施建设中，减轻了国家的经济负担。中国残疾人福利基金会为推动和发展中国残疾人事业、提高残疾人社会地位、改善残疾人生存状况做出了重要贡献。

1987 年 4 月 1 日，我国进行了历史上第一次全国残疾人抽样调查。此次调查摸清了全国五类残疾人的基本状况，获得了残疾人康复、教育、就业等情况的大量数据和资料，为国家制定社会发展规划和发展残疾人事业提供了重要的参考依据。同时，残疾人抽样调查的结果也向社会提出了一个问题：中国需要建立包括五类残疾在内的统一的残疾人组织。20 世纪 80 年代，国际残疾人要求“平等参与”“回归”主流社会的运动迅猛发展，《关于残疾人的世界行动纲领》和联合国大会 58 号决议强调，只有充分发挥残疾人组织的作用，残疾人的利益才能得到充分保障；支持建立强大的全国性残疾人组织，使残疾人在与其切身利益相关的所有领域发挥作用，鼓励残疾人组织加强联合与统一，并与政府协调行动。在这种背景下，1986 年，我国部分省的盲人聋哑人协会秘书长联名写信要求建立统一的残疾人组织。经过中国残疾人福利基金会和中国盲人聋哑人协会积极酝酿和充分筹备，1987 年 12 月，国务院批准组建中国残联，明确中国残联是“半官半民”性质的事业团体，具有代表、服务、管理三种职能，享受总局级待遇，由民政部代管，在国家计划中单列户头，与国务院各部门和各省、自治区、直辖市建立业务关系，并要求各地人民政府按此精神，结合本地实际情况建立地方残疾人联合会（简称“地方残联”）。1988 年 3 月 11 日至 15 日，中国残联在北京召开了首届全国代表大会，选举产生了由 213 名委员组成的中国残联第一届主席团，审议通过了《中国残疾人联合会章程》，推举产生了中国残联第一届执行理事会和评议委员会，确定了各专门协会领导机构和人选。1988 年 3 月 15 日，中国残联第一届执行理事会第一次扩大会议通过了《关于地方残疾人联合会组建工作的若干意见》，确定了地方残联组建的指导原则、体制序列和组织制度，对地方残联领导班子的组成、组建程序和进度设想提出了具体要求，文件的发布拉开了地方残联组织建设的序幕。在地方各级党委、政府的关心、支持下，各级残联的组织建设工作进展迅速，至 1993 年底，全国 30 个省（区、市）、403 个市（地、州、盟）、2700 多个县（市、区、旗）和 95% 的乡镇（街道）都组建了残联，残联组织体系基本形成。

1995 年，在国家党政机关机构改革工作中，中央明确了中国残联由国务院直接管理，不再由民政部代管；其机关内设机构升格，增加了内设机构和人员编制，增强了中国残联机关的工作实力。按照中央“进一步加强残疾人工作与残联建设”的要求，中国残联采取有效措施，大力推进地方各级残联的组织建设，全国 29 个省级、96% 的市级和 94% 的县级残联不再由民政部门代管，理顺了管理关系，提高了机构规格，增加了人员编制，建立了党的组织，加强了残联组织体系建设。1997 年，中共中央组织部、人事部印发了《中国残疾人联合会机关参照〈国家公务员暂行条例〉管理的实施方案》，明确了中国残联机关参照《国家公务员暂行条例》进行管理。2002 年，中央在新一轮机构改革中，重新审定了中国残联及地方各级残联机关的“三定”方案。2006 年，在《中华人民共和国公务员法》实施期间，中共中央组织部、人事部又印发了《工会、共青团、妇联等人民团体和群众团体机关参照〈中华人民共和国公务员法〉管理的意见》，明确残联归口人民团体，参照《中华人民共和国公务员法》管理，进一步加强了残联的组织机构建设和干部队伍建设。

针对基层残疾人组织建设薄弱、服务不到残疾人的问题，1993—1996 年，中国残联采取组织全国残联系统干部下基层调研，召开基层残疾人组织建设工作会议等措施，进一步推进基层残疾人组织建设。经过 20 多年的艰苦努力，按照国家行政区划，中央、省（区、市）、市（地、州、盟）、县（市、区、旗）、乡（镇、街道）等五级都组建了残疾人联合会，全国残联系统专职残疾人工作者已达 10 万人；90% 的城市社区和 90%

的行政村成立了残疾人协会，选聘的残疾人专职委员已达40万人；县及县级以上残联根据不同类别残疾人的特点分别设立了盲人协会、聋人协会、肢残人协会、智力残疾人及亲友协会、精神残疾人及亲友协会，统称“专门协会”。截至2009年底，全国基本建立了残疾人组织网络，到“十一五”规划末期，全国基层社区（村）都要建立残疾人协会，配备残疾人专职委员，完成“横向到边，纵向到底”的残疾人组织网络建设任务。（奚从清、林清和，2013：226—229）

二、民间残疾人组织

（一）我国民间残疾人组织的历史与现状

民间残疾人组织，是指由残疾人或其亲友自发成立、代表残疾人利益的民间组织，以及以残疾人为主要服务对象的民间组织。本章重点关注自下而上成长起来的草根残疾人组织，包括：依法登记的民间组织；在工商部门登记，而实际上为残疾人提供公共服务、具有民间组织特征的组织；为残疾人提供公共服务，但是并未登记注册、具有民间组织特征的组织。

中华人民共和国成立后，政府对残疾人实行扶助和救济政策，残疾人福利院、精神病院、盲哑学校等机构在全国各地陆续建立。1953年，中国盲人福利会成立。1956年，中国聋哑人福利会成立。1960年，中国盲人福利会和中国聋哑人福利会合并成立了中国盲人聋哑人协会，随后几年中，其基层组织在全国各地陆续成立。

“文化大革命”期间，残疾人工作全面停滞，残疾人组织或解散或名存实亡。改革开放以后，我国的经济社会发展进入了新的历史时期。1978年，中国盲人聋哑人协会恢复活动。1984年，中国残疾人福利基金会成立。1988年，在中国盲人聋哑人协会的基础上，中国残联成立。中国残联在随后的20多年里不断夯实完善其基层组织网络，并建立起各级残疾人服务机构。在社会主义公有制背景下，这些具有强烈官方背景的组织和机构，参与管理残疾人事务，为残疾人提供各种公共服务，在改善残疾人状况方面做出了巨大贡献，但它们并不是真正意义上的民间组织。

随着改革开放的深入和全球化的发展，特别是2000年以后，中国的执政者和民众对“公民社会”的认识逐步加深。转变政府职能、构建和谐社会等执政理念的提出也为我国民间组织的发展带来了契机。无论在政治环境、经济基础还是社会需求方面，我国民间组织的发展都迎来了历史机遇。（奚从清、林清和，2013：240—241）

根据《2023年残疾人事业发展统计公报》数据，截至2023年底，全国省地县乡（除新疆生产建设兵团外）共有残联4.1万个，各省（区、市）、市（地、州、盟）、县（市、区、旗）全部成立残联，98.5%的乡镇（街道）已建立残联；99.3%的社区（村）建立残协，共59.5万个。地方各级残联工作人员11.2万人，乡镇（街道）残联、村（社区）残协专职委员总计56.0万人。地方各级残疾人专门协会1.5万个，其中省、地、县级各类专门协会已建比例分别为98.8%、97.4%和90.4%。全国助残社会组织3426个。

（二）我国民间组织发展现状和管理政策

改革开放的深入使我国的经济、政治、社会生活以及文化观念等方面都发生了巨大的变化，民间组织也得到了长足的发展。

我国民间组织快速发展，主要表现在四个方面：

（1）民间组织的数量迅速增加。

（2）民间组织的种类大大增多。

（3）民间组织的独立性明显增强。

（4）民间组织的合法性日益被认可。

我国民间组织管理的政策法规有：

（1）1950年9月，国家制定了《社会团体登记暂行办法》。

（2）1988年8月和1989年6月，国务院又先后公布了《基金会管理办法》和《外国商会管理暂行规定》，对基金会和外国商会这两种当时在我国尚属新鲜事物的民间组织的管理工作做出了有益的探索。

（3）1989年10月，国务院公布了《社会团体登记管理条例》。

（4）1998年10月，《民办非企业单位登记管理暂行条例》出台。同时期，国务院修订发布了《社会团体登记管理条例》。《中华人民共和国公益事业捐赠法》于1999年9月1日起施行，《基金会管理条例》也于2004年6月1日起正式施行。

上述针对民间组织的政策法规，概括起来一句话：培育发展与监督管理并重。在特殊情况下，监督管理重于培育发展。（张永安，2012：100—101）

三、基层残疾人组织

1. 以组建和巩固县、乡级残联为重点的阶段（1988—2000年）

1988年中国残联成立后，包括县、乡级残联在内的地方各级残联先后成立。尤其是1993—1996年，中国残联在全国残联系统中组织调研组，深入全国多个地区开展综合调研，大力推进了基层残疾人组织建设。1998年，国务院残疾人工作协调委员会印发了《关于加强基层残联建设的决定》(简称《决定》)，根据《决定》精神，中国残联成立了基层工作办公室，大规模组派督察组深入基层，积极推进县级残联“四位一体”和乡级残联“三位一体”建设。

2. 以城市社区为重点的阶段（2000—2005年）

2000年12月，中国残联在哈尔滨召开了首次基层残疾人组织建设工作会议，即全国社区残疾人工作座谈会，民政部、中国残联等14个单位联合出台了《关于加强社区残疾人工作的意见》，基层社区残疾人组织建设工作拉开了序幕。

2003年11月，中国残联和民政部共同召开全国社区残疾人工作现场会议，推广了济南市“一个理念、两个整合”的经验，着力推进城市社区残疾人组织建设，带动了残疾人协会和残疾人专职委员队伍的建设，残疾人专职委员队伍开始成为残疾人事业发展中又一支新生力量。

3. 继续夯实城市社区基础，并逐步向农村转移延伸的阶段（2005年至今）

2005年，国务院残疾人工作协调委员会下发《关于进一步加强基层残疾人组织建设的意见》，规范了县、乡、村三级残疾人组织的设置，明确了具体目标任务。同年8月在成都召开了全国基层残疾人组织建设工作会议，推广了成都市“量体裁衣”式个性化服务理念，着力强化机构健全规范、队伍稳定实干、服务功能完善等三个要素，努力打造县、乡、村三级组织网络，全力推进专职残疾人工作者、残疾人专职委员和助残志愿者等三支队伍的建设。

2007年6月，全国基层残疾人组织规范化建设经验交流会在哈尔滨召开。会议在全面总结规范化建设和残疾人专职委员选聘工作经验的基础上，着重指出基层残疾人组织建设工作的重点和难点在农村。同年，中国残联制定了《全国残疾人专职委员考核选聘办法（试行）》。

2009年9月，经过中央机构编制委员会办公室（简称“中央编办”）专函回复，民政部、人力资源和社会保障部、财政部、中国残联联合制定下发了《关于进一步加强和规范基层残疾人组织建设的意见》(简称《意见》)。《意见》在多个方面有新的突破，主要体现在中央编办首次明确了县、乡、村三级残疾人组织在机构设置、规格、人员、编制等方面的规定，不但对基层残疾人组织建设起到有力的指导规范作用，而且为县、乡级机构改革提供了宝贵的政策依据。《意见》就开发设置乡（镇、街道)、村（社区）残疾人专职委员公益性就业岗位做出明确规定，并明确专职委员的工作补贴、教育培训经费按规定纳入当地财政预算，等等。这些政策的制定，有效地解决了多年来困扰基层残疾人组织建设的难点问题。同时，中国残联在山东省临沂市召开了全国农村基层残疾人组织建设会议，指出了农村基层残疾人组织建设的现状、问题以及今后的目标任务和措施要求，推出了临沂市“组织全覆盖、整村赶平均”的农村基层残疾人组织建设典型经验。

各地残联为推进残疾人基层组织建设也做了大量扎实有效的工作。近年来，全国已有28个省先后召开了39次全省基层残疾人组织建设专项会议。14个省和78个市（地）积极协调党委、政府有关部门出台了相关文件，全面推进基层残疾人组织规范化建设工作。截至2008年底，全国共有62.7%的县（市）达到了基层残疾人组织规范化建设标准。(中国残联组联部，2009)

第二节 国际残疾人组织

残疾人的组织是代表残疾人士的利益，为残疾人服务，由残疾人自己或与健全人共同组成的群众组织。联合国在推进国际残疾人运动中发挥了积极的作用，其有七大组织涉及残疾人事务，分别是康复国际（RI）、残疾人国际（DPI）、融合国际（II）、国际残疾人联盟（IDA）、世界聋人联合会（WFD）、世界盲人联盟（WBU）和国际重听联合会（IFHOH）。它们分别从社会发展、医疗康复、人权保护三个视角出发处理残疾人问题。残疾人组织作为残疾人社会工作的载体，为了切实有效地开展残疾人社会工作，有必要对其进行一番考察和分析。本节将重点介绍以上七个国际残疾人组织。

一、康复国际

康复国际是一个长期致力于促进残疾人康复和福利的国际非政府组织。前身为1922年成立的“国际跛足儿童会”，由美国人艾德加·F. 艾伦（Edgar F. Allen）在美国纽约创建。此后，曾先后易名为“国际跛足人士福利会”和“国际残疾人康复会”。1972年起定为现名。康复国际在美国纽约设有秘书处，并设有7个工作委员会，分别为：工作与就业委员会、教育委员会、科技与无障碍委员会、健康与功能委员会、政策与服务委员会、社会委员会、娱乐休闲和文体委员会。根据有关规定，康复国际通过每四年召开一次的代表大会改选产生新一届领导班子，即执行委员会。会长为执行委员会主要负责人。另有副会长若干名，分别代表亚洲、欧洲、非洲、美洲等地区。康复国际是最早积极倡导残疾人康复和服务的国际组织，致力于维护残疾人权利，促进残疾人融合发展，在推动发起“联合国残疾人年”、制定和实施《关于残疾人的世界行动纲领》等方面发挥了重要作用。它率先提出了目前国际通用的无障碍标志，呼吁尊重人类的多样性，尊重人权，促进残疾人的平等参与和全面发展，共建和平、包容和友好的社会，呼吁各国和国际社会采取务实行动，履行《残疾人权利公约》，推动残疾人包容和可持续发展。

二、残疾人国际

残疾人国际是一个致力于保护残疾人权利并促进他们充分平等参与社会的国际性人权组织，于1981年在新加坡成立。中国残联于1990年正式加入该组织。该组织享有联合国咨商地位，旨在使残疾人以平等的权利和机会参与社会生活、分享社会与经济发展成果。残疾人国际的宗旨是实现残疾人的权利和平等，其口号为"没有我们的同意，不要做关于我们的决定"，强调残疾人在决策过程中的自我决定权是实现其真正平等的关键。残疾人国际的总部和秘书处设在美国纽约，委员会由亚洲、非洲、拉丁美洲、北美洲、欧洲等五个地区委员会各推选的代表组成。残疾人国际致力于推动残疾人权利的全球进步，通过实施《残疾人权利公约》来促进平等，并倡导多样性中的团结。

三、融合国际

融合国际（Inclusion International,II）是由各国智残人士及其亲友组织组成的国际组织，前身是"国际智力残疾人联盟"。1994年，国际智力残疾人联盟改名为融合国际，以推动智力障碍人士通过自我倡导融入社会为核心诉求。融合国际享有联合国咨商地位，其宗旨是为保障全世界智残人士的平等权利而工作，其愿景是创造一个智力障碍者及其家人能够在社区生活的各个领域平等参与并得到重视的世界，其核心是基于尊重、多样性、人权、团结和包容的共同价值观，倡导智力障碍者融入社会的各个方面。融合国际成立以来，举办了多种培训班，培训从事智残人工作的专业人员、智残人家属和智残人；帮助各国智残人组织建立合作项目，出版各种刊物；呼吁公众尊重、关心、帮助智残人；交流传授各种专业技术。1968年，国际智力残疾人联盟发表了《智力迟钝者特殊权利宣言》，后经联合国采纳并正式命名为《智力迟钝者权利宣言》。该宣言在呼吁全世界关心智残人，保障智残人的平等权利，推动智残人康复事业发展等方面发挥了重要作用。

四、国际残疾人联盟

国际残疾人联盟（International Disability Alliance, IDA）成立于1999年，自2007年起成为由残障人士及其家属构成的全球性网络。国际残疾人联盟在建立国际残疾核心小组（IDC）的过程中发挥了重要作用，而国际残疾核心小组作为全球、区域和国家残疾人组织以及联合非政府组织的网络，是非政府组织参与谈判联合国《残疾人权利公约》的关键角色。国际残疾人联盟作为残疾人组织，通过利用《残疾人权利公约》和其他人权文书的统一声音来促进残疾人的人权。国际残疾人联盟正在努力确保"2030年议程"及其可持续发展目标符合联合国《残疾人权利公约》要求。国际残疾人联盟通过开展能力培训、传播资源和信息等方式支持各国及区域残疾人组织，是重要的国际残疾人权利组织网络，也是残疾人权益的权威代表声音之一。

五、世界聋人联合会

世界聋人联合会（World Federation of the Deaf,WFD）为世界范围内的聋人自身的组织，成立于1951年，是一个由多个国家的聋人协会组成的国际非营利和非政府组织。世界聋人联合会的成员包括正式会员、准会员和青年会员，中国聋人协会是正式会员。其宗旨是：造福于世界聋人，捍卫聋人的权利，帮助聋人康复。世界聋人联合会享有联合国咨商地位，是国际残疾人联盟（IDA）的创始成员，通过与联合国及其专门机构，如国际劳工组织（ILO）和世界卫生组织（WHO）等密切合作，保障全球聋人的人权。世界聋人联合会的主要活动为：制定政策性文件和工作计划，建议并推动会员组织参照实施；利用其联合国咨商地位以及作为残疾人事务特别报告员专家小组成员的身份，或者借助其会员组织所在国家政府的力量，参与并推动联合国残疾人领域文件的制定工作，促进相关文件的有效实施；参与联合国在残疾人领域的其他活动；为各国聋人组织提供咨询、信息和专业方面的服务；与各国专门机构及其他非政府组织和残疾人组织协作，共同推动旨在改善聋人状况的合作项目；主张聋人与其他人平等参与，并突出手语的作用和地位，力主使手语成为世界法定语言之一；与其他相关组织协调并组织世界聋人大会。

六、世界盲人联盟

世界盲人联盟（World Blind Union,WBU）是一个成立于1984年的国际性非政府组织，它由国际盲人联合会和世界盲人福利会合并而成，其总部设在巴黎。世界盲人联盟的宗旨是确保全世界的盲人和视障人士能够以平等的机会和权利参与社会生活。作为盲人群体的全球声音，该联盟与各国政府及国际机构合作，就涉及盲人权益的问题进行倡导。世界盲人联盟的工作涵盖多个方面，包括但不限于推动无障碍环境的建设、促进盲文和无障碍信息的获取、支持盲人教育与就业、维护盲人的法律权益、提升社会对视障人士能力的认识。世界盲人联盟设有技术研究、康复就业、社会开发、妇女事务等委员会，以全面应对盲人群体面临的挑战。国际盲人节定于每年的10月15日，是由世界盲人联盟确定的，旨在提高公众对盲人日常生活中使用白手杖安全性的认识，同时庆祝盲人的成就和贡献，增强社会对盲人权益的关注和支持。

七、国际重听联合会

国际重听联合会（International Federation of Hard of Hearing People,IFHOH）是一个成立于1977年的国际性非政府组织，其宗旨是促进重听人彼此有更多理解，调查研究现代社会环境下听力损伤的原因、治疗、预防等问题，推动重听人康复、就业和平等参与社会生活。国际重听联合会关注全球听力障碍人士的利益，包括晚期耳聋的成年人、人工耳蜗使用者以及患有耳鸣、梅尼埃病、听觉过敏和听觉处理障碍的人。国际重听联合会致力于促进对听力损失问题的更深入理解，并为听力障碍者创造更多机会。国际重听联合会享有联合国特别咨商地位，与世界卫生组织保持着合作关系。

第三节 中国残疾人组织

一、中国残疾人联合会

中国残联成立于 1988 年 3 月，是国家法律确认、国务院批准的由残疾人及其亲友和残疾人工作者组成的人民团体，是全国各类残疾人的统一组织，是党和政府密切联系残疾人的桥梁纽带。

（一）性质及法律地位

中国残联是一个半官半民的综合性事业组织。它将代表功能、服务功能、管理功能融为一体，既代表了残疾人的共同利益，又承担了服务和管理的职责。中国残联在法律上的地位是明确的，是国务院批准的全国残疾人事业组织，具有官方背景，但同时也是一个民间组织，因为它是由残疾人及其亲友和残疾人工作者组成的。这种双重身份使得中国残联在代表残疾人利益的同时，也能有效地与政府及其他社会组织进行沟通和合作。

（二）组织结构与职责

中国残联的最高权力机构是全国代表大会，每五年举行一次。全国代表大会闭会期间，由其选举产生的主席团负责贯彻全国代表大会决议，领导全国残联工作。按照国家行政区划设立中国残联各级地方组织，社区居民委员会、村民委员会及残疾人集中的企业、事业、社会组织等单位，建立残疾人协会或残疾人小组。中国残联的宗旨是：在中国共产党领导下，在马克思列宁主义、毛泽东思想、邓小平理论、“三个代表”重要思想、科学发展观、习近平新时代中国特色社会主义思想指导下，坚持以人民为中心，弘扬人道主义思想，发展残疾人事业，促进残疾人平等、充分参与社会生活，实现融合发展，共享现代化建设成果。

（三）基层残疾人组织

基层残疾人联合会是指县及县级以下的残疾人联合会。社区居民委员会、村民委员会及残疾人集中的企业、事业、社会组织等单位，建立残疾人协会或残疾人小组。残疾人协会每届任期五年，由主席一人、副主席若干人、委员若干人组成，经民主选举产生。大中型企业事业单位、开发区，经省（自治区、直辖市）残疾人联合会同意、本单位批准，可建立残疾人协会或残疾人联合会。

广大残疾人生活在基层，残疾人事业的基础在基层。基层残疾人组织是开展残疾人工作的关键环节，是联系广大残疾人的重要纽带，肩负着直接听取残疾人的意见、反映他们的需求、为他们服务的重任。基层组织的任务是：宣传贯彻党的路线方针政策，代表残疾人利益，反映残疾人需求，维护残疾人权益，开展有益活动，提供贴心服务，为残疾人办实事。

二、中国残疾人联合会专门协会

根据《中国残疾人联合会章程》规定，中国残联领导中国盲人协会、中国聋人协会、中国肢残人协会、中国智力残疾人及亲友协会、中国精神残疾人及亲友协会等专门协会。专门协会委员会由中国残联全国代表大会代表中同类别的残疾人、残疾人亲友选举产生。专门协会的主要任务是：代表、联系、团结、服务本类别残疾人，反映特殊愿望及需求，加强社会监督，维护合法权益，争取社会帮助，开展适宜活动，参与国际交往。

（一）中国盲人协会

中国盲人协会（China Association of Persons with Visual Disabilities,CAPVD），简称“中国盲协”，是由全国盲人（含低视力者，下同）和与盲人工作有关的社会组织、企事业单位及个人自愿结成的全国性、联合性、非营利性社会团体，是盲人的代表组织。

其宗旨是：坚持以马克思列宁主义、毛泽东思想、邓小平理论、“三个代表”重要思想、科学发展观、习近平新时代中国特色社会主义思想为指导，深刻领悟“两个确立”的决定性意义，增强“四个意识”、坚定“四个自信”、做到“两个维护”；坚持以人民为中心，弘扬人道主义思想，发展残疾人事业，促进盲人全面发展和共同富裕；代表盲人共同利益，反映盲人特殊需求，履行“代表、服务、维权、监督”职能，为盲人服务，维护盲人合法权益，监督侵害盲人权益的行为，促进盲人平等、充分参与社会生活，共享现代化建设成果。中国盲人协会遵守宪法、法律、法规和国家政策，践行社会主义核心价值观，弘扬爱国主义精神，遵守社会道德风尚，自觉加强诚信自律建设。

（二）中国聋人协会

中国聋人协会（China Association of Persons with Hearing Disabilities, CAPHD），简称“中国聋协”，是由全国聋人（含听力言语残疾人、听力残疾人、言语残疾人、重听者、人工耳蜗植入者，下同）和与聋人工作有关的社会组织、企事业单位及个人自愿结成的全国性、联合性、非营利性社会团体，是聋人的代表组织。其宗旨是：坚持以马克思列宁主义、毛泽东思想、邓小平理论、“三个代表”重要思想、科学发展观、习近平新时代中国特色社会主义思想为指导，深刻领悟“两个确立”的决定性意义，增强“四个意识”、坚定“四个自信”、做到“两个维护”；坚持以人民为中心，弘扬人道主义思想，发展残疾人事业，促进聋人全面发展和共同富裕；代表聋人共同利益，反映聋人特殊需求，履行“代表、服务、维权、监督”职能，为聋人服务，维护聋人合法权益，监督侵害聋人权益的行为，促进聋人平等、充分参与社会生活，共享现代化建设成果。

（三）中国肢残人协会

中国肢残人协会（China Association of Persons with Physical Disabilities,CAPPD），简称“中国肢协”，是由全国肢残人和与肢残人工作有关的社会组织、企事业单位及个人自愿结成的全国性、联合性、非营利性社会团体，是肢残人的代表组织，接受业务主管单位中国残联和社团登记管理机关民政部的业务指导和监督管理。其宗旨是：坚持以马克思列宁主义、毛泽东思想、邓小平理论、“三个代表”重要思想、科学发展观、习近平新时代中国特色社会主义思想为指导，深刻领悟“两个确立”的决定性意义，增强“四个意识”、坚定“四个自信”、做到“两个维护”；坚持以人民为中心，弘扬人道主义思想，发展残疾人事业，促进肢残人全面发展和共同富裕；代表肢残人共同利益，反映肢残人特殊需求，履行“代表、服务、维权、监督”职能，为肢残人服务，维护肢残人合法权益，监督侵害肢残人权益的行为，促进肢残人平等、充分参与社会生活，共享现代化建设成果。

（四）中国智力残疾人及亲友协会

中国智力残疾人及亲友协会（China Association of Persons with Intellectual Disabilities and Their Relatives, CAPTDR），简称“中国智协”。1989 年，中国残联主席团一届二次会议通过成立中国智残人精神病残疾人亲友会。1993 年，经中国残联第二次全国代表大会讨论通过，将中国智残人精神病残疾人亲友会分开，成立了中国智力残疾人亲友会。2003 年，中国残联第四次全国代表大会讨论通过，将中国智力残疾人亲友会正式更名为中国智力残疾人及亲友协会。中国智力残疾人及亲友协会的宗旨是：坚持以马克思列宁主义、毛泽东思想、邓小平理论、“三个代表”重要思想、科学发展观、习近平新时代中国特色社会主义思想为指导，深刻领悟“两个确立”的决定性意义，增强“四个意识”、坚定“四个自信”、做到“两个维护”；坚持以人民为中心，弘扬人道主义思想，发展残疾人事业，促进智力残疾人全面发展和共同富裕；代表智力残疾人共同利益，反映智力残疾人特殊需求，履行“代表、服务、维权、监督”职能，为智力残疾人服务，维护智力残疾人合法权益，监督侵害智力残疾人权益的行为，促进智力残疾人平等、充分参与社会生活，共享现代化建设成果。

（五）中国精神残疾人及亲友协会

中国精神残疾人及亲友协会（China Association of Persons with Psychiatric Disabilities and Their Relatives,CAPPDR），简称“中国精协”，是由全国精神残疾人及亲友和与精神

残疾人工作有关的社会组织、企事业单位及个人自愿结成的全国性、联合性、非营利性社会团体，是精神残疾人及亲友的代表组织。其宗旨是：坚持以马克思列宁主义、毛泽东思想、邓小平理论、“三个代表”重要思想、科学发展观、习近平新时代中国特色社会主义思想为指导，深刻领悟“两个确立”的决定性意义，增强“四个意识”、坚定“四个自信”、做到“两个维护”；坚持以人民为中心，弘扬人道主义思想，发展残疾人事业，促进精神残疾人全面发展和共同富裕；代表精神残疾人共同利益，反映精神残疾人特殊需求，履行“代表、服务、维权、监督”职能，为精神残疾人服务，维护精神残疾人合法权益，监督侵害精神残疾人权益的行为，促进精神残疾人平等、充分参与社会生活，共享现代化建设成果。

孤独症工作委员会是中国精协工作委员会之一，由国内孤独症专家和社会影响力较大的相关社会组织组成，负责相关政策研究与倡导、孤独症社会组织引导与服务、行业标准拟定与施行、教师专业化建设等工作。

三、中国残联所属社团组织

除了上述提到的专门协会外，中国残联还有十二个社团组织，这些社团组织是为了满足特定群体的需求和推动特定领域的事业发展而设立的。

（一）中国残疾人福利基金会

中国残疾人福利基金会是全国性公募基金会，成立于1984年3月15日。其宗旨是：弘扬人道，奉献爱心，全心全意为残疾人服务。理念是“集善”，即集合人道爱心，善待天下生命。使命是高举人道主义旗帜，动员社会，集善天下，为残疾人谋福祉，为改善残疾人生活状况、加快残疾人事业发展做出积极贡献。愿景是努力建设成为公开、透明、高效率和高公信力的慈善组织，推动残疾人共享我国社会经济发展成果，帮助残疾人在中华民族伟大复兴的中国梦中实现自己的人生理想。

中国残疾人福利基金会坚持以习近平新时代中国特色社会主义思想为指导，全面贯彻党的二十大精神，牢固树立以残疾人为中心的服务理念，以满足残疾人对美好生活的向往、促进残疾人全面发展为目标。多年来，中国残疾人福利基金会培育了“集善工程”公益活动品牌，持续实施了启明行动、助听行动、助行行动、助学行动、助困行动、无障碍行动、文化助残行动等一批有社会影响力的公益项目，惠及残疾人康复、教育、就业、文化体育等领域，推动了我国残疾人慈善事业的发展。

（二）中国残奥委员会

中国残奥委员会是为肢体残疾和视力残疾人设立的全国性、专业性、非营利性群众体育社会团体，接受中国残联、国家体育总局、民政部的业务指导和监督管理。主要任务和职能是：认真贯彻国家有关残疾人和体育工作的有关法律法规和方针政策，动员、组织和指导肢体残疾人、视力残疾人开展体育活动，举办残疾人体育赛事；组织参加或举办国际残奥比赛，开展国际交流；协同有关部门组织开展残奥科学研究。中国代表团自 1984 年起开始参加残疾人奥林匹克运动会，并从 2004 年雅典残疾人奥林匹克运动会至 2024 年巴黎残疾人奥林匹克运动会，连续六届在奖牌榜上位居第一名。我国于 1994 年在北京举办了第六届“远南”运动会，2008 年成功举办了北京残疾人奥林匹克运动会，2010 年在广州举办了首届亚洲残疾人运动会，2022 年举办了北京冬季残疾人奥林匹克运动会，2023 年在杭州举办了第四届亚洲残疾人运动会。

（三）中国特奥委员会

中国特奥委员会是为智商在 70 以下的智力残疾人设立的全国性、专业性、非营利性群众体育社会团体，接受中国残联、国家体育总局、民政部的业务指导和监督管理。主要任务和职能是：认真贯彻国家有关残疾人和体育工作的有关法律法规和方针政策，动员、组织和指导智力残疾人开展体育活动，举办特奥体育赛事；组织参加或举办国际特奥体育比赛，开展国际交流；协同有关部门组织开展智力残疾人体育科学研究。

（四）中国聋人体育协会

中国聋人体育协会是为听力残疾人设立的全国性、专业性、非营利性群众体育社会团体，接受中国残联、国家体育总局、民政部的业务指导和监督管理。主要任务和职能是：认真贯彻国家有关残疾人和体育工作的有关法律法规和方针政策，动员、组织和指导听力残疾人开展体育活动，举办残疾人体育赛事；组织参加或举办国际听障体育比赛，开展国际交流；协同有关部门组织开展听力残疾人体育科学研究。

（五）中国特殊艺术协会

中国特殊艺术协会是由中国残联主管的、具有独立法人地位的全国性非营利性社会团体。其宗旨是：在中国共产党领导下，以马克思列宁主义、毛泽东思想、邓小平理论、“三个代表”重要思想、科学发展观、习近平新时代中国特色社会主义思想为指引，坚持文艺为人民服务、以人民为中心的指导原则，弘扬民族文化和人道主义精神、宣传社会主义核心价值观和残疾人事业。团结广大热心残疾人特殊艺术事业的文化艺术工作者，提高残疾人文化艺术水平，培养和选拔残疾人文化艺术人才，丰富残疾人文化艺术生活，参与国际残疾人文化艺术交流，培育文明进步的社会环境，促进社会主义精神文明建设，为实现中华民族伟大复兴的中国梦而努力。其业务范围是：团结我国文化艺术工作者，贯彻执行党的宣传、文化、艺术等各项方针、政策，研究特殊艺术理论，交流特殊艺术工作经验，培养特殊艺术人才，繁荣残疾人题材文化艺术创作，规划指导全国残疾人文化艺术工作。组织残疾人文艺演出、艺术展示，指导、辅助和支持基层残疾人艺术团（队）的业务工作及文化艺术活动。开展各类残疾人文化艺术培训工作，提高残疾人文化艺术水平。组织全国残疾人进行各种形式的文化艺术展演和比赛。组织有关特殊艺术的评选、表彰活动。参与国际特殊艺术的文化交流。中国特殊艺术协会接受中国残联业务指导，在民政部登记注册并接受其监督管理。

（六）中国狮子联会

经国务院批准，中国狮子联会于2005年6月14日在北京正式成立，是由社会各界有志于奉献社会、热心慈善的人士自愿结成的全国性、联合性、非营利性社会组织，具有社会团体法人资格，其宗旨是：正己助人，服务社会。中国狮子联会对内组织引导会员开展形式多样的慈善服务活动；对外作为国际狮子会的团体会员，统筹与国际狮子会的交流与合作。中国狮子联会遵循“自主建会、独立运作、坚持宗旨、依法办事”的办会原则，接受民政部和中国残联的监督管理和业务指导。中国狮子联会的业务范围包括：动员和开发社会资源，鼓励、引导、组织、推动会员向社会提供助残、扶贫、济困、扶老、救孤、恤病、优抚服务；救助自然灾害、事故灾害和公共卫生事件等突发事件造成的损害；促进教育、科学、文化、卫生、体育等事业的发展；防治污染和其他公害，保护和改善生态环境；其他促进公益事业的慈善活动；举办相关的培训活动和经验交流会，提高会员的综合素质、社会道德水平和服务技能，增强自我发展能力；开展会员间的联谊活动，增强会员的凝聚力；组织会员参加在境外举办的会议和活动，促进对外交流与合作；制作宣传本会的刊物和影像资料，宣传社会公益事业的意义和成果。

（七）中国残疾人事业新闻宣传促进会

中国残疾人事业新闻宣传促进会是全国非营利性社会团体，由中央有关新闻单位，以及各省、自治区、直辖市残疾人事业新闻宣传促进会组成，实行单位会员制，接受中国残联、中华全国新闻工作者协会、民政部的业务指导和监督管理。中国残疾人事业新闻宣传促进会团结从事残疾人事业新闻宣传工作的新闻工作者，认真贯彻执行党和政府的宣传方针、政策及《中华人民共和国残疾人保障法》，研究残疾人事业新闻宣传理论，交流宣传、采访、报道的经验，促进残疾人事业新闻宣传工作；通过组织和举办各种活动，密切残疾人、残疾人工作者与新闻宣传工作者之间的联系；开展残疾人事业的新闻宣传报道工作及对外交流、文化联谊等活动。

（八）中国残疾人康复协会

中国残疾人康复协会是由从事残疾人康复工作的专家和专业技术人员自愿结成的全国性、学术性、非营利性社会组织。其宗旨是：以努力实现残疾人“人人享有康复服务”为目标，团结广大康复工作者，弘扬人道主义，坚持学术研究与康复实践紧密结合的方向，坚持协会工作与残疾人康复工作互动的运作机制，坚持全面康复的理念，探索具有中国特色的残疾人康复道路，推动康复技术进步，促进康复事业发展，全心全意为残疾人服务。中国残疾人康复协会接受中国残联和民政部的业务指导和监督管理。中国残疾人康复协会的工作对象为视力残疾、听力残疾、言语残疾、肢体残疾、智力残疾、精神残疾、多重残疾和其他残疾的人。中国残疾人康复协会的业务范围为：团结社会各方面的专家和专业人员，开展康复学术活动、残疾预防工作和康复技术研究；进行各类康复专业人才的培训；为残疾人服务；配合有关部门推动残疾人康复任务的完成；为残疾人康复事业的发展提供技术咨询服务；协助有关部门制定相关工作标准；依照有关规定，组织编写有关康复的论著、专业培训教材和科普读物；推广残疾人康复新理论和新技术，积极开展国内外学术交流；广泛宣传残疾人康复工作的社会意义，普及康复知识和技术。

（九）中国盲人按摩学会

中国盲人按摩学会建于1996年，是中国残联的直属单位，其宗旨是：团结广大盲人按摩工作者，推动按摩学术研究，提高按摩技术水平，发扬祖国传统医学，促进按摩事业的发展。中国盲人按摩学会的业务范围是：团结与盲人按摩相关的医疗、保健按摩方面的专家和专业人员，开展学术活动；培训行业专业人才，组织行业培训；为中国盲人按摩事业的发展提供技术咨询，为盲人按摩人员提供就业指导服务；依照有关规定，编辑出版盲人按摩刊物、专著，组织编写盲人按摩技术资料和专业培训教材；研究新课题，推广盲人按摩在医疗保健领域的新理论与新技术；开展按摩领域国际学术交流与合作；兴办符合本会章程、有利于盲人按摩事业发展的社会公益事业；完成业务主管部门委托的工作。

中国盲人按摩学会为保证全国盲人按摩事业长足健康地发展，指导各省、自治区、直辖市建立盲人按摩指导中心，负责本辖区域内盲人按摩行业管理工作。各级盲人按摩指导中心紧紧依托当地残疾人职业培训机构，积极培养、培训盲人按摩人员。中国盲人按摩学会扶持社会有按摩业务的机构和部门，积极安置经过正规培训的盲人按摩人员就业。

（十）中国助残志愿者协会

中国助残志愿者协会是由助残志愿者、志愿助残服务组织以及关心支持助残服务事业的单位和人士自愿组成，按照章程开展志愿助残活动的全国性、联合性、非营利性的社会组织。中国助残志愿者协会成立于2015年5月20日，业务主管单位为中国残联。其宗旨为：以培育和践行社会主义核心价值观为统领，普及志愿助残理念，弘扬人道主义精神，发展志愿助残服务事业，促进残疾人共享经济社会发展成果，培育残健共融、和谐友爱的社会文明风尚。中国助残志愿者协会的业务范围为：贯彻国家有关志愿服务的法律、法规和方针政策，弘扬“奉献、友爱、互助、进步”志愿精神，宣传志愿助残服务理念，广泛动员社会各界投身志愿助残服务，培育、发展和壮大助残志愿者队伍；协助政府统筹开发、整合优化及有效配置志愿助残服务资源，指导和推动地方广泛开展形式多样、内容丰富、各具特色的志愿助残活动；开展助残志愿服务政策咨询、专业培训和服务督导，加强志愿服务组织和志愿者能力建设；反映志愿助残服务组织和助残志愿者的诉求，维护其合法权益；组织开展志愿助残服务理论和实践问题研究，建立助残志愿者招募、管理、评价、表彰、激励机制，推动志愿助残服务规范化、制度化、常态化发展；经有关部门批准，开展对助残志愿服务组织和助残志愿者的表彰活动；等等。

（十一）残疾人事业发展研究会

残疾人是需要格外关心、关注的一个特殊群体，党和国家历来十分关心残疾人，重视发展残疾人事业，特别是改革开放以来，采取了一系列重大举措，推动残疾人事业从较低的起点，走上了一条适合国情、具有特色的发展道路。2008 年 3 月 28 日，中共中央、国务院颁发的《中共中央　国务院关于促进残疾人事业发展的意见》中明确要求：重视残疾人事业政策理论研究，推进相关学科建设，加快培养高素质残疾人事业专业技术人才。残疾人事业发展研究会是经国务院批准，于 2008 年 12 月 1 日在北京成立的第一个全国性残疾人事业发展研究社团，主管单位为中国残联，其理事会的组成充分考虑学科、地域、理论与实践等各方面的情况，主要由高等院校、科研院所和国家有关部委的专家、教授，以及残疾人专业工作者组成。日常工作由秘书处承担，秘书处设在中国残联研究室。

（十二）康艺无障碍影视发展中心

康艺无障碍影视发展中心是经中国残联批准、由中国盲文出版社发起、承担国家“十二五”重大音像出版骨干工程中国无障碍电影项目建设的公益机构，旨在打造专业化团队，运用社会化工作方式，调动社会资源，积极开展合作，为全国视听残障人士制作、推广无障碍影视作品，满足视听残障人士对文化影视的需求。该中心成立以来，围绕无障碍影视制作标准研究、无障碍影视学术研究、无障碍影视专业人才培训标准研究等方面积极开展工作。制作的无障碍影视作品涵盖电影、电视剧、动漫、科教片、少数民族影片、各级各类残疾人教育培训片等多个领域。

康艺无障碍影视发展中心以丰富视听残障人士精神文化生活为己任，努力推广无障碍影视服务，为全国各级图书馆、特教学校等机构提供丰富的无障碍影视资源，开展无障碍影视文化交流活动，打造人性化、便捷化的服务，让每一位残疾人都享受到赋予时代感的文化产品。

思考题

（1）残疾人组织在残疾人社会工作中发挥着什么样的作用？

（2）我国民间残疾人组织面临着怎样的挑战和机遇？

（3）如果你是一名社会工作者，如何在易地搬迁社区孵化残疾人自助组织？请设计一个服务方案。

第八章　残疾人社会工作研究

学习活动

（1）你认为一线的社会工作者需要做研究吗？为什么？

（2）你听说过叙事研究吗？你认为个人生命故事对一个人的身份认同和对生命事件的理解有什么意义？可以举例说明吗？

第一节　残疾人社会工作研究的含义、功能及内容

一、残疾人社会工作研究的含义

在讨论残疾人社会工作研究的含义前，我们应先了解社会工作研究的含义。

社会工作研究是社会科学研究的一种。对社会工作的研究，目前有两种不同的理解：一种是把社会工作当作一种社会现象对其进行研究，称为“关于社会工作的研究”；另一种是为了发展社会工作的理论、方法和知识，从而更有效地推进社会工作的科学研究，称为“为了社会工作的研究”。因此，我们把为了发展社会工作、促进社会工作实务而进行的科学研究称为社会工作研究。（王思斌，2023：452）简言之，上述两种不同理解的区别就是把社会工作作为研究对象还是研究目的。

王思斌列举了社会工作研究的五项功能，包括：①了解社会需要，设计社会服务；②了解服务对象，推进社会服务；③了解服务进展，不断改进服务；④发现新的问题，

倡导政策调整；⑤总结实践经验，促进理论发展。以上功能也涵盖了残疾人社会工作研究的功能，不过，残疾人研究也有其自身的特点。残疾给社会科学带来了许多颇具挑战和有价值的研究问题，例如，什么是残疾？这个概念在不同时期发生了何种演变，其原因是什么？社会如何对待残疾人？残损和残疾对社会认同和社会互动有什么影响？残疾人在媒体和文化中的形象是怎样的？很明显，这些学术问题具有重大的研究意义和实践价值。如何通过研究来提高残疾人社会工作的实践水平，发展残疾人社会工作理论，也是社会工作研究领域需要回应的问题。

按照上述分析，残疾人社会工作研究有两种类型。

第一种类型是把残疾人社会工作作为一种现象来开展研究，这里面就包括了研究者、研究对象、研究方法、研究内容、研究立场、价值和伦理等诸多议题。如 1998 年在英文期刊 *Disability & Society*（《残疾与社会》）中出现的关于研究残疾现象的研究者应该是残疾 / 非残疾的身份之争，就属于第一种类型的研究。争议源于罗伯特・F. 德雷克（Robert F. Drake）发表的文章“What Am I Doing Here? ‘Non-disabled’ People and the Disability Movement”中提到自己虽然不是残疾人士，但却发现社会模式是非常有洞见且有力量的，它能够解释残损的社会后果。德雷克认为非残障人士也应参与到残疾人运动中，问题是如何参与。他提出要避免一些参与陷阱，如非残障人士代替残障人士发声。不过，弗兰・布兰菲尔德（Fran Branfield）立即撰文反对德雷克的观点，他在“What Are You Doing Here? ‘Non-disabled’ People and the Disability Movement: A Response to Robert F. Drake”一文中提到，无论非残障人士是多么真诚、富有同理心，他们始终都是非残障人士，处于掌控、压迫和适合的位置上。布兰菲尔德认为德雷克没有明白残障人士所受的压迫是非残障人士的责任，如果否认这一点那就等于是忽略了残疾人运动的宗旨。文章一石激起千层浪，残疾领域研究者们展开了激烈的讨论，之后保罗・S. 达基特（Paul S. Duckett）在“What Are You Doing Here? ‘Non-disabled’ People and the Disability Movement: A Response to Fran Branfield”一文中批评了布兰菲尔德对非残障人士的排斥立场，倡导包容非残障盟友。布兰菲尔德则回文逐一反击，重申自己的观点。那么，残疾研究 / 运动究竟应该由残疾人主导，还是由非残疾人士主导？或者，准入条件不应以参与者是否残疾为标准，而应以对残疾人及其相关议题的关怀程度为准则？非残疾人士是否能够真正体会残疾人的残损体验？如果他们确实缺乏感同身受，这是否会成为他们从事研究和服务的障碍呢？

第二种类型的残疾人社会工作研究致力于推进与残疾人相关的社会福利政策及残疾人社会工作理论和实务发展。那么残疾研究有什么特点呢？菲利普·菲特生（Philip Ferguson）和玛莎·努斯鲍姆（Martha Nussbaum）列举了残疾研究的五个核心理念。

1. 理念一：残疾研究必须具有社会性

残疾不仅仅是个人身体上的缺陷，我们必须将其置于社会、文化和历史的背景中进行研究。强调残疾研究的社会性并不是要否定残疾对个人生活的影响，也不是要否认残疾人士的医疗和特殊教育等需要。社会性的视角是要把残障的体验“具身化”①。

2. 理念二：残疾研究必须具有基础性

许多残疾研究者宣称他们的研究对理解残疾现象是基础性的。然而，残疾研究需厘清的一个根本性问题是残疾的概念，并非单纯理解残疾概念本身，而是把残疾作为人类的不同类别来理解。换言之，正如我们社会建构种族、性别、阶层一样，残疾是如何被社会建构且和其他类别区分开来的。

3. 理念三：残疾研究必须跨学科

如果残疾研究具有社会性和基础性，那么我们对残疾的理解就能超越传统学术研究。早年残疾研究的一个特点就是把残疾引入艺术和人文学科领域，这就造成了一种误解，即残疾研究只能存在于非应用型学科。而在应用型学科，如特殊教育和社会工作领域里的残疾研究，似乎又取消了残疾研究的合法性。残疾研究似乎被覆盖或包裹在其他研究领域。

4. 理念四：残疾研究必须是参与式的

这里所说的参与式并不是要针对残疾发展新的研究和教学类型，而是强调残障人士需要在残疾研究和教育中扮演重要的角色。残障人士不应被物化为研究或教育的对象，

① 有关“具身化”的讨论参见 Tobin Siebers, *Disability theory* (Ann Arbor: University of Michigan Press, 2008)。

而应积极参与到与其自身相关的研究和教育议题中。

5. 理念五：残疾研究应该以价值为本

上述四个理念充分体现了残疾研究很难像实证研究那样做到价值中立。残疾研究一定是强调残疾人的主体性，注重通过参与和行动来改善残疾人的处境。从这个意义上而言，残疾研究是承载了价值的。

二、残疾人社会工作研究的功能

（一）提升残疾人社会工作服务质量

社会服务的开展以需求评估为起点，精准地评估能够保证服务的质量和社会福利资源的有效使用。因此，残疾人社会工作研究在服务中至少有三个关键性作用：其一，通过科学的调查研究方法，准确评估残疾人及其家庭的服务需求，为制订服务计划奠定坚实的基础；其二，通过研究（如行动研究）不断在服务过程中调整服务方案、提高服务质量，在变动的环境中不断回应服务对象的需求；其三，服务接受后的评估也可以通过研究方法的配合，评估服务对象的满意度、服务的成效等，以改善后续服务。

（二）加快残疾人社会工作理论发展

奚从清把残疾人社会工作理论分为基础理论、专业理论、政策理论和历史理论等四种类型。在残疾人社会工作中，基础理论是核心、专业理论是骨架、政策理论是应用与拓展、历史理论是历程与趋势。四个层次相互联系、相互促进。目前，从我国残疾人社会工作理论的发展来看，由于起步较晚，仍处于不成熟的阶段，需要通过开展实践研究，不断累积成果，构建本土残疾人社会工作的理论体系。

（三）完善社会政策，开展政策倡导

在残疾人社会工作实务中，社会工作者会较多地使用社会政策来支持和帮助服务对象。社会服务是在一定的政策框架下进行的，社会工作不但具体地实施社会政策、满足

服务对象的需要，而且可能会在服务中发现新的问题，继而通过研究、倡导等方式优化现行政策。

三、残疾人社会工作研究的内容

汤姆·莎士比亚（Tom Shakespeare）提出残疾研究需要关注四个问题：

第一，我们能如何更确切地把残疾理论化？很显然，残疾不能被简化为个人医疗问题，也不能简单归因于社会建构的压迫议题。残疾是残损的身体和排斥性的环境之间的互动结果。考虑到不同的残疾类型和致残原因、残疾和残损之间以及它们和其他社会分化和社会身份之间的内在联系，仅把残障人士作为一个问题类型来讨论是不适合的。残疾研究者需要公平地对待不同残疾人士的特殊体验，包括学习困难者、精神残疾人或者因文化传统而被视为有残障状况的群体。

第二，生物医学和辅助技术为治疗或减轻疾病和损伤提供了新的选择。如何对这些选择进行评估？残疾身份的政治如何与残疾的预防和治疗相协调，而不是将两者视为对立的两极？回顾本书第三章讨论的残疾人社会工作的理论与模式，生物医学模式、环境模式、功能模式和社会政治模式对残疾现象的理解与社会工作服务有不同的视角。这些视角并非完全对立，对残障人士权利的倡导也不能否认残损给个人身体带来的实际影响。同样，仅有高水平的生物医学和辅助技术，没有人文主义的关怀，也只能是改善残疾人士生理层面的情况。残疾人社会工作应关注服务对象生理—心理—社会三个维度的全面需求。

第三，独立生活。直接支付模式[①]是满足残疾人支持需求的唯一答案吗？目前，大多数残疾人和老年人接受的是家庭护理，而不是个人支持，未来这种平衡将如何改变？是否存在某种形式的改革后的机构照顾模式？针对残疾人士的照顾，是否只能是机构照顾、家庭护理、社区照顾等非此即彼的模式？是否有一些新的可以支持残疾人士及其家

① 我国的直接支付模式主要体现在残疾人两项补贴制度上，这是国家层面为残疾人设立的专项福利补贴制度。这两项补贴为：困难残疾人生活补贴和重度残疾人护理补贴。

庭成员的方式?

第四，就业。保罗·阿伯利（Paul Abberley）提醒人们注意那些永远无法工作的残疾人的持续问题。为了满足他们的需求和提高他们的地位，社会需要做什么样的改变?残疾人日益分化为有工作的人和依赖福利的人，如何才能最好地减轻后者的排斥和贫困?除此之外，一部分有工作能力但仍然是依赖福利的残疾人士，有背负福利依赖污名的风险，针对这一人群，社会工作者又该如何应对?这些都是社会工作实务研究需要回应的问题。

第二节　残疾人社会工作研究的类型

一、描述性研究

描述性研究是一种在多个学科领域广泛应用的研究方法，旨在观察和描述特定人群或现象的行为、特征和条件，而不对其进行任何操作。这种研究方法的主要目的是对某一现象或相关人群进行详细而准确的描述，通常采用各种数据收集技术，如调查、访谈和观察。在残疾人研究领域，描述性研究可以用来了解残疾人的特征、需求以及照顾模式，从而为政策制定和措施干预提供依据。通过描述性研究可以了解不同类型的残疾在特定人群中的分布情况，为制订更有效的照顾和支持策略提供信息。例如，从我国两次全国残疾人抽样调查数据中，我们就能够了解我国残疾人的性别、年龄、婚姻、康复需求、地区分布等基本情况。

以《精神残疾人康复需求与康复服务发展状况研究》一文为例，该文研究探讨了精神残疾人的康复需求现状、康复服务的获取及其影响因素，其研究发现：①精神残疾人的康复需求主要包括医疗康复、功能训练和辅助器具，其中医疗康复需求率（58.99%）最高；②康复需求的获取受到性别、户口性质、残疾等级等因素的影响；③精神残疾人辅助器具服务获取率总体较低，医疗康复服务获取率相对较高。该文的研究结果为精神残疾人康复服务的发展提供了重要的数据支持，并指出康复需求报告率、康复服务覆盖率、康复服务质量和效率有待提高。

二、探索性研究

探索性研究寻求在特定问题背景下，人们如何与场域协调，他们对自己行动赋予什么样的意义，以及他们关心什么样的议题。此类研究的目的在于学习“这里是怎么了”，并且在没有明确的预期之下，去探查社会现象。探索性研究主要用于在研究初期阶段对某个主题或问题进行初步的、非正式的探讨。这种研究的目的在于帮助研究者更好地理解研究问题，发现新的理论假设，或者为后续的正式研究提供方向。探索性研究主要有以下几个特点：第一，灵活性和开放性。探索性研究通常不拘泥于固定的研究设计，它允许研究者在研究过程中根据新的发现调整研究方法和方向。第二，多采用质性研究。探索性研究往往采用质性研究方法，如访谈、观察和案例研究，来收集和分析非数值化的数据。第三，样本数量少。与定量研究相比，探索性研究可能不需要大量的样本，因为它更注重深度而非广度。第四，形成假设。探索性研究有助于生成新的研究假设，这些假设后续可以通过更严谨的实证研究来验证。第五，发现问题。研究者可以发现先前未意识到的问题或变量，这对形成研究问题和研究假设至关重要。

以残疾人直播间为例，作为一种新兴的社交媒体现象，它不仅为残疾人提供了展示自我、实现自我价值的平台，同时也增强了社会对残疾人的认知和理解。近年来，有一些社会工作研究关注到残疾人直播间，聚焦残疾主播们的直播内容、直播间的互动、如何经营与粉丝之间的关系以及残疾身份在网络直播间这一特殊场域中如何发挥作用等议题。这类研究不仅能帮助大家了解网络直播群体中残疾人这一特殊群体，也有助于探索残疾人直播中存在的问题，为后续社会政策的制定或法律的规范提供依据。

三、解释性研究

解释性研究，也称为因果研究，是一种科学研究方法，旨在探究现象之间的因果关系，即一个事件（因）是如何导致另一个事件（果）发生的。解释性研究的核心目的是理解和解释为什么某些现象会发生，以及它们是如何相互关联的。解释性研究具有以下特征：第一，有明确的研究假设。解释性研究通常基于明确的研究假设，这些假设提出了变量之间可能存在的因果关系。第二，变量控制。为了确定因果关系，研究者需要控制其他可能影响结果的变量，以确保观察到的效应确实是由所研究的自变量引起的。第三，数据收集。解释性研究通常采用定量研究方法，通过调查、实验或其他数据收集技术来收集数据。第四，数据分析。通过统计分析来检验研究假设，确定变量之间是否存在统计上显著的因果关系。第五，理论框架。解释性研究通常在一定的理论框架下进行，这些理论提供了理解变量之间关系的理论基础。第六，可重复性。解释性研究的结果应当是可重复的，即其他研究者使用相同的方法应该能够得到相似的结果。第七，应用性。虽然解释性研究的主要目的是理解原因和效果，但其发现往往具有实际应用价值，可以用来指导政策制定、改进实践等。

例如，孙妍等学者尝试解释精神残疾患者不同残疾水平与致残原因及相关影响因素的关系。研究团队选择806例精神残疾患者作为研究对象，研究发现不同精神残疾程度的患者在性别、经济状况和精神病家族史等方面的差异无统计学意义；精神残疾患者的残疾程度与婚姻、受教育程度、居住地和致残原因（精神分裂症、心境障碍、神经症性障碍）等因素有关。研究团队也尝试进一步解释已婚和居住在城镇的精神残疾患者残疾程度低的原因，即相比于未婚及离异和丧偶的患者，已婚人士能够得到更好的家庭照护和心理交流；居住在城镇的患者残疾程度低，可能与他们在医疗资源和社区关怀上的优势有关。文化水平在小学及以下的患者残疾程度高，这可能是由于高学历人群能够较好地去了解精神疾病，有积极的应对心理，能够早发现、早诊断、早治疗。这也提示在提供基本公共卫生服务时，应做好社会支持和社会宣传工作，消除偏见和歧视，尤其是为农村患者、独居患者等提供更多的帮助，积极减轻精神障碍给他们的生活带来的损害。

四、评估性研究

评估性研究是一种系统性的研究方法，旨在对某个项目、计划、政策、产品、服务或过程的效果、价值、优点和缺点进行评价。这种研究通常是为了确定某项干预措施是否达到了既定的目标，或者是否对目标群体产生了预期的影响。评估性研究有以下特点：第一，目标导向。评估性研究具有明确的目标，通常是为了评估特定项目或政策的成效。第二，数据收集。评估性研究涉及收集定量或定性数据，如通过调查、访谈、观察、文档分析等方式进行。第三，前测与后测。在评估性研究中，研究者可能会在项目实施前后进行数据收集，以比较变化和效果。第四，设置比较组。为了更好地显示干预的效果，研究者可能会设置比较组，比较接受干预的群体与未接受干预的群体的差异。第五，标准或指标。评估性研究通常基于一系列预先设定的标准和指标来衡量成效。第六，利益相关者参与。评估过程中可能会涉及多个利益相关者，包括项目实施者、受益者、资助者等。第七，实用性和应用性。评估性研究的目的是提供实用信息，帮助决策者优化项目设计、改进实施策略或重新分配资源。

我国残疾研究领域中的评估性研究相对其他类型的研究而言较少。以残疾人就业政策的评估性研究为例，研究者运用经济学供需均衡理论深入分析评估我国残疾人就业政策中的禁止就业歧视、合理便利、保障金制度和法定就业率等关键政策工具对劳动市场的影响。研究通过静态与动态模型比较，揭示了这些政策对残疾人与非残疾人的工资率、就业量和社会剩余的短期与长期效应。结果显示，保障金制度虽然在短期内对非残疾人产生负面影响，但长期则可能提高市场包容性和经济效益。同时，研究指出政策变动初期市场调整不完全，导致资源配置效率下降。最后，从重视残疾人就业政策工具的组合效应、动态调整残疾人就业保障金制度、优化合理便利投入、平衡就业与社会福利等方面提出政策建议，以期促进残疾人的社会和经济融入。（廖耀华、项小伟，2024：91—104）

第三节 残疾人社会工作研究方法

一般社会科学的研究方法，无论是定量研究还是质性研究，均适用于残疾人社会工作研究领域。本节重点介绍三种质性研究方法，即行动研究法、叙事研究法和扎根理论。之所以选择这三种方法，是因为行动研究能够通过行动循环不断地反思，提高残疾人社会工作实务的质量；叙事研究则从残疾人及其家庭的叙事中重构残疾事件对生活的意义，帮助缺乏残疾体验的社会工作者进一步实现“感同身受”；扎根理论则可以弥补残疾研究领域理论基础薄弱的不足。

一、行动研究

行动研究不是研究者对实践者行动的研究，也不全然是作为一种学术探究的研究方法。夏林清认为，它是致力于寻求改变的一种方法。（夏林清，1993）国际英文期刊 *Action Research*（《行动研究》）的主编希拉里·布拉德伯里（Hilary Bradbury）认为，行动研究是一种民主和参与取向的知识创造。在寻求切实解决紧迫问题的方法时，它将行动和反思、理论与实践结合在一起。行动研究是与人民共同创造行动中的实用性知识，而不是对人民进行研究。（Bradbury，2015）威尔弗雷德·卡尔（Wilfred Carr）和斯蒂芬·凯米斯（Stephen Kemmis）认为，所有行动研究都有两个基本目标，即改进和参与。行动研究旨在改善三个方面：第一，改进实践；第二，提高从业人员对实践的理解；第三，改进实践的状况。参与的目的是肩并肩地改善目标。参与实践的人员将参与计划、行动、观察和反思等阶段的行动研究过程。（Carr and Kemmis，1986：165）

行动研究转化的目标非常清晰。首先，研究者是在其专业角色的社会实践中进行研究，是为改进实践工作和更有效地完成专业实践而做研究，不是为研究而投身观察其他实践者的研究活动。（陶蕃瀛，2004）其次，行动研究是一种行动策略，同时本身就是一种社会实践，它发生于实践的场域，运用多元的方法去产生转化效果，譬如提升社区能力，对服务对象赋权，改变其生活处境。更宏观的行动目标可以是推动制度的改变和文化的转化。当然，行动研究同时也有研究的目标，通过研究的过程，我们探究介入和改变的有效方法，总结并提炼如何产生改变的实用性知识，最后生成行动理论（action theory）和转变理论（change theory）。

残疾人社会工作研究采用行动研究法与行动研究法自身的特点息息相关。第一，行动者们平等参与研究，即研究者并不是以自己的理念和假设去支配研究对象，而是合作推进研究。本章第一节提到残疾研究领域关于研究者是否应该是残疾人的争议，在参与式行动研究中可以得到解决。第二，行动研究具有非束缚性，即它不受传统研究中那些“先定式”规则的束缚，而是从实践出发去推进研究。这对残疾人社会工作实务研究非常重要，因为传统研究和实务的“先定式”规则往往是按照主流人群的标准而设定，不一定符合残疾人士的实际。第三，行动研究是以解释为取向的，它注重的是参与行动者的感受和对共同活动的理解。第四，行动研究的目标取向是自我批判性和建设性的，它从发现以往实践中的问题出发，试图以新的实践对之进行改善，并且其实践具有反思性。第五，行动研究具有系统性和开放性，是公开进行的系统调查和研究。

二、叙事研究

叙事研究侧重于通过故事和叙述来理解人类经验和意义。这种方法认为，故事和叙述是人类理解和解释世界的基本方式之一。叙事研究的特点主要有：第一，故事性。叙事研究依赖于个体的故事来揭示其生活经验、信念、价值观和情感。这些故事通常以第一人称的形式呈现，提供了个人视角和主观体验。第二，情境性。叙事研究强调故事发生的具体情境，认为个体经验是在特定的社会、文化和历史背景下形成的。第三，意义构建。叙事不仅是对事件的描述，它还涉及个体如何构建和理解这些事件的意义。研究者关注的是故事背后的深层含义和个体如何通过叙述来形成自我认同。第三，主体性。叙事研究承认并尊重研究参与者的主体性，即他们的个人观点、感受和解释在研究中占有重要地位。第四，研究资料的丰富性。在叙事研究中，资料通常通过访谈、日记、自传、个人信件、艺术作品等形式收集。第五，叙说分析。叙说分析通常涉及对故事的细致解读，寻找故事中的主题、情节、角色和象征，以及它们如何反映和塑造个体的世界观。凯瑟琳·科勒·里斯曼（Catherine Kohler Riessman）认为，叙说分析的有效性取决于以下几个关键要素：说服力、符合度、连贯性、实用性和无教条。

叙事研究特别适用于探索残疾人个体和群体的经验，以及这些经验如何影响他们的行为、关系和身份认同。通过叙事，研究者能够更深入地理解残疾人及其家庭的心理和行为的复杂性，进而明白在实践中需要如何更有效地支持到这些家庭。例如，周林刚主编的《他们：九位残障者的故事》一书中，讲述了九位不同类型残疾人的生命故事，从身患小儿麻痹症导致左足残疾的成阳医生，到“用耳倾听，用心探索”的视力残疾人士黄志坚，再到把身体比喻成自己终身战场的白塞氏综合征患者阿bu……每个人的故事都让我们看到残疾事件对故事讲述者的影响，体会到他们是如何与自己的残疾共生共存，残疾又是如何让他们的生命实现转化的。又如，在大卫·A. 卡普（David A. Karp）所著的《同情的负荷：精障之照顾者的爱与碍》中呈现的精神障碍照顾者的故事讲述里，我们可以更深入地理解其中的不易和家庭冲突的根源，从而为社会工作者辨识问题，找到解决策略提供帮助。

借用叙事研究开创者之一D. 琼·克兰迪宁（D. Jean Clandinin）所著的《进行叙事探究》中的话来阐述叙事研究之于残疾研究的重要意义，“一个人自我概念的一体性存在于叙事的一体性，用叙事的开端、中间至结束将出生、生活至死亡连接在一起……正是因为我们都是在生活之中活出了叙事，也因为我们是使用叙事来理解自身的生活，所以叙事的形式是用于理解他人行为的合适形式。故事首先是人们生活过的，然后才被人们所讲述”（克兰迪宁，2015：2）。

三、扎根理论

扎根理论由安塞尔姆·施特劳斯（Anselm Strauss）和巴尼·格拉泽（Barney Glaser）共同发展而来。这种方法的核心是从经验资料的基础上建立理论。研究者通常不会事先设定理论假设，而是直接从实际观察入手，通过分析原始资料来归纳出经验概括，通过不断地比较概念化资料，进而建立理论，这种从下往上建立实质理论的方法强调从经验事实中抽象出新的概念和思想。扎根理论有以下几个重要的特点：第一，理论生产。和传统研究不同，扎根理论的目的不是验证理论，而是强调从资料中生成理论，通过深入的资料分析逐步形成最契合所研究的社会现象的理论解释。第二，理论定位。扎根理论旨在建立介于宏大理论和微观操作性假设之间的实质性理论。第三，理论敏感度。研究者要有理论敏感度，因为扎根理论需要从原始资料到编码，从编码不断逐级上升为更为抽象的概念，需要研究者有高度的理论敏感性。第四，不断进行比较。扎根理论的主要分析思路是比较（the constant comparison），在资料和资料、编码和编码之间不断进行对比。第五，理论抽样。扎根理论使用从资料中初步生成的概念指导下一步的资料收集和分析。

在使用扎根理论的过程中，也存在一些常见的误区。有的研究者误以为使用扎根理论就可以忽视文献回顾。扎根理论中的经典扎根理论[①]虽反对提前做文献回顾，但并不是说不需要做文献回顾。经典扎根理论是担心过于聚焦文献回顾会影响研究者处理原始资料的过程，换言之，扎根理论不是不需要做文献回顾，反而需要阅读研究主题之外的更广泛的文献以提高研究者的理论敏感度。还有一些研究者误认为扎根理论仅仅是原始数据的呈现，而没有将其上升到概念层面。另有的研究者将扎根理论误用于假设检验、内容分析或语词计数，这些都与扎根理论的初衷相背离。扎根理论不是一种机械的技术，而是一个创造性的解释因果的过程。

扎根理论作为一种质性研究方法，特别适合于那些现有理论体系不是很完善、难以有效解释实践现象的领域。我国残疾人社会工作的发展较为滞后，无论在理论层面还是实践层面的累积都不足。扎根理论能够从残疾人士的实际经验出发，发展出贴近实际、具有解释力的理论。同时，它也强调理论与资料的持续互动，确保理论的实用性和动态性。

① 扎根理论的两位原创者在发展的过程中出现了分歧，其中巴尼·格拉泽（Barney Glaser）这一分支成为经典扎根理论。

思考题

（1）谈谈为什么要开展残疾人社会工作研究。

（2）举例说明残疾人社会工作研究的四种类型。

（3）简述残疾人社会工作研究中常用的三种质性研究方法。

参考文献

[1] 陈惠英，李楚翘，杨晶 . 康复辅导工作 [M]. 北京：商务印书馆，2011.

[2] 马洪路，中国社会工作教育协会 . 残障社会工作 [M]. 北京：高等教育出版社，2007.

[3] 王思斌 . 社会工作概论 [M].3 版 . 北京：高等教育出版社，2014.

[4] 奚从清，林清和 . 残疾人社会工作 [M]. 杭州：浙江大学出版社，2013.

[5] 余艳萍，秦琴 . 残疾人社会工作 [M]. 北京：中国人民大学出版社，2021.

[6] 郑杭生 . 社会学概论新修 [M].5 版 . 北京：中国人民大学出版社，2019.

[7] 社会服务发展研究中心 . 康复社会工作基本理论与方法实务手册 [M]. 广州：中山大学出版社，2018.

[8] 阿什福德，雷克劳尔，洛蒂 . 人类行为与社会环境：生物学、心理学与社会学视角 [M]. 王宏亮，李艳红，林虹，译 . 王宏亮，校译 .2 版 . 北京：中国人民大学出版社，2005.

[9] ROTHMAN J C. 残疾人社会工作 [M]. 曾守锤，张坤，等译 . 上海：华东理工大学出版社，2008.

[10] ZASTROW C. 社会福利与社会工作 [M]. 张英阵，彭淑华，郑丽珍，译 . 台北：洪叶文化事业有限公司，1998.

[11] ALBRECHT G L，SEELMAN K D，BURY M. Handbook of disability studies[M].Thousand Oaks：SAGE Publications，Inc.，2001.

[12] HOWE D.An in troduction to social work theory：making sense in practice[M].Aldershot：Wildwood House Limited，1987.

[13] HOWE D. A brief introduction to social work theory[M].London：Bloomsbury Publishing，2009.

[14] LEAVITT R L. Cross-culture rehabilitation：an international perspective[M].Philadelphia：W.B.Saunders，1999.

[15] PAYNE M. Modern social work theory [M].Basingstoke：Palgrave Macmillan，2014.

[16] SMART J. Disability，society，and the individual[M].2nd ed. Austin：PRO-ED Inc.，2008.

[17] 何怀宏 . 伦理学是什么 [M]. 北京：北京大学出版社，2002.

[18] 罗肖泉 . 社会工作伦理教育研究 [M]. 徐州：中国矿业大学出版社，2005.

[19] 王思斌 . 社会工作导论 [M]. 北京：北京大学出版社，1998.

[20] 王思斌 . 中国社会工作的经验与发展 [J]. 中国社会科学，1995（2）：97-106.

[21] 王思斌 . 中国社会的求 - 助关系：制度与文化的视角 [J]. 社会学研究，2001（4）：1-10.

[22] 奚从清 . 论两种不同的残疾人观 [J]. 浙江大学学报（人文社会科学版），2000，30（2）：22-28.

[23] 曾华源，李仰慈，郭世丰，等 . 社会工作专业价值与伦理概论 [M].2 版 . 台北：洪叶文化事业有限公司，2011.

[24] REAMER F G. 社会工作价值与伦理 [M]. 包承恩，王永慈，译 .3 版 . 台北：洪叶文化事业有限公司，2009.

[25] BARKER R L.The social work dictionary[M]. Washington：NASW Press，1999.

[26] DOLGOFF R，LOEWENBERG F M，HARRINGTON D. Ethical decision for social work practice[M].7th ed.Pacific Grove：Brooks/Cole Publishing Company，2004.

[27] WATSON D. A code of ethics for social work：the second step[M]. London：Routledge & Kegan Paul Ltd.，1985.

[28] 特纳 . 社会学理论的结构：上册 [M]. 丘泽奇，等译 . 北京：华夏出版社，2001.

[29] DOMINELLI L. 女性主义社会工作：理论与实务 [M]. 林青璇，赵小瑜，等合译 . 台北：五南图书出版股份有限公司，2004.

[30] MARSHALL G. Oxford dictionary of sociology[M]. Oxford：Oxford University Press，1998.

[31] HARRIS J，WHITE V. Oxford dictionary of social work & social care[M].Oxford：Oxford University Press，2013.

[32] SCOTT J，MARSHALL G. A dictionary of sociology[M]. Oxford：Oxford University Press，2009.

[33] 郑杭生 . 社会学概论新修 [M].4 版 . 北京：中国人民大学出版社，2013.

[34] 周月清 . 身心障碍福利与家庭社会工作：理论、实务与研究 [M]. 台北：五南图书出版股份有限公司，1998.

[35] 周月清 . 家庭社会工作：理论与方法 [M]. 台北：五南图书出版股份有限公司，2001.

[36] COLLINS D，JORDAN C，COLEMAN H. 家庭社会工作 [M]. 魏希圣，译 . 台北：新加坡商圣智学习亚洲私人有限公司台湾分公司，2009.

[37] FERGUSON P M. Mapping the family：disability studies and the exploration of parental response to disability[M]//ALBRECHT G L，SEELMAN K D，BURY M. Handbook of disability studies. Thousand Oaks：SAGE Publications，Inc.，2001.

[38] SCHWARTZ M A，SCOTT B M. Marriages and families：diversity and change[M].4th ed. Englewood Cliffs：Prentice Hall，2002.

[39] SELIGMAN M，DARLING R B. Ordinary families，special children：a systems approach to childhood disability[M].New York：Guilford Press，1997.

[40] 林宝贵 . 听觉障碍教育与复建 [M]. 台北：五南图书出版股份有限公司，1994.

[41] 彼得森 . 变态心理学 [M]. 杜仲杰，沈永正，杨大和，等译 . 台北：桂冠图书股份有限公司，2002.

[42] 万明美 . 视障教育 [M]. 台北：五南图书出版股份有限公司，2001.

[43] HOBSON R P，et al.“Austism”revisited：the case of congenital blindness[M]//LEWIS V，COLLIS G M. Blindness and psychological development in young children. Leicester：The British Psychological Society，1997.

[44] LANGLEY B. Daily life[M]//HOLBROOK M C. Children with visual impairments：a parents' guide. Bethesda：Woodbine House Inc.，1995.

[45] MCDANIEL J W. Physical disability and human behavior[M].2nd ed. New York：Pergamon Press，1976.

[46] AIT P.Behavior of young blind children in a controlled play session [J].Perceptual and Motor Skills，1972，34（3）：963-969.

[47] TUTTLE D W，TUTTLE N R. Self-esteem and adjusting with blindness：the process of responding to life's demands[M]. Springfield：Thomas Publishers，1996.

[48] WRIGHT B A. Physical disability：a psychological approach[M]. New York：Harper & Row，1960.

[49] WRIGHT B A. Physical disability：a psychosocial approach[M]. Glenview：HarperCollins College Division，1983.

[50] WRIGHT B A. Sensitizing outsiders to the position of the insider[J]. Rehabilitation Psychology，1975，22（2）：129-135.

[51] ZETLIN A G，TURNER J L. Transition from adolescence to adulthood：Perspectives of mentally

retarded individuals and their families[J].American Journal of Mental Deficiency，1985，89（6）：570-579.

[52] 李钦勇 . 社会政策分析 [M]. 台北：巨流图书公司，1996.

[53] 李迎生，厉才茂，等 . 残疾人社会保障理论与实践研究 [M]. 北京：华夏出版社，2008.

[54] 穆怀中 . 社会保障国际比较 [M].2 版 . 北京：中国劳动社会保障出版社，2007.

[55] 周沛，曲绍旭，张春娟，等 . 残疾人社会工作 [M]. 北京：社会科学文献出版社，2012.

[56] 郑功成 . 残疾人社会保障：现状及发展思路 [J]. 中国人民大学学报，2008（1）：2-9.

[57] 朱逸杉 . 美国残疾人社会保障政策概况 [J]. 残疾人研究，2012（2）：71-76.

[58] ROTHMAN J C. 残疾人社会工作 [M]. 曾守锤，张坤，译 . 上海：华东理工大学出版社，2013.

[59] BARKER R L. The social work dictionary[M].3rd ed.Washington：NASW Press，1995.

[60] 张永安 . 残疾人工作与社会建设 [M]. 广州：广东人民出版社，2012.

[61] 古学斌，霍小玲 . 行动研究的重要精神和特质 [J]. 社会工作，2022（2）：25-31.

[62] 廖耀华，项小伟 . 基于供需均衡分析的残疾人就业政策效果评估 [J]. 新经济，2024（6）：91-104.

[63] 鲁心灵，李欣，邱卓英，等 . 精神残疾人康复需求与康复服务发展状况研究 [J]. 中国康复理论与实践，2018，24（11）：1252-1256.

[64] 孙妍，陈薇，刘云，等 . 不同程度精神残疾患者的致残原因及影响因素 [J]. 中国健康心理学杂志，2022，30（8）：1141-1144.

[65] 陶蕃瀛 . 行动研究：一种增强权能的助人工作方法 [J]. 应用心理研究，2004（23）：33-48.

[66] 奚从清 . 残疾人社会工作理论探讨 [J]. 残疾人研究，2012（1）：62-64.

[67] 夏林清 . 实践取向的研究方法 [M]// 由实务取向到社会实践：有关台湾劳工生活的调查报告（1987—1992）. 台北：张老师出版社，1993：3-25.

[68] 王思斌 . 社会工作概论 [M].4 版 . 北京：高等教育出版社，2023.

[69] 克兰迪宁 . 进行叙事探究 [M]. 徐泉，李易，译 . 重庆：重庆大学出版社，2015.

[70] KARP D A. 同情的负荷：精障之照顾者的爱与碍 [M]. 林秋芬，宋旻谚，王迺燕，译 . 台北：洪叶文化事业有限公司，2010.

[71] BRADBURY H. Introduction：How to situate and define action research[M]//The Sage handbook of action research.3rd ed. Thousand Oaks：SAGE Publications，c2015：1-11.

[72] CARR W，KEMMIS S. Becoming critical：education，knowledge and action research[M]. London：The Falmer Press，1986.

[73] RIESSMAN C K. Narrative analysis[M].Thousand Oaks：SAGE Publications，Inc.，1993.

[74] SCHUTT R K. Investigating the social world：the process and practice of research[M].6th ed. Thousand Oaks：Pine Forge Press，2008.

[75] SUDDABY R. From the editors：what grounded theory is not[J]. Academy of Management Journal，2006，49（4）：633-642.

[76] 杨晶 . 农村残疾儿童康复模式的本土化研究：社区康复项目介入中国农村社区的反思 [M]// 古学斌，王思斌，等 . 中国社会工作研究的新议题、新实践 . 北京：北京大学出版社，2010：152-170.

[77] TURNBULL A P，TURNBULL H R.Families，professionals，and exceptionality：a special partnership[M].Columbus：Merrill Pub. Co.，1986：55.

[78] 关信平，中国社会工作教育协会 . 社会政策概论 [M].2 版 . 北京：高等教育出版社，2009.

[79] 中国残疾人联合会 . 残疾人工作基本知识读本 [M]. 北京：华夏出版社，2009.

[80] 中国残联组联部 . 我国残疾人组织发展历程 [J]. 中国残疾人，2009（11）：18-19.

[81] 鲁心灵，李欣，邱卓英，等 . 精神残疾人康复需求与康复服务发展状况研究 [J]. 中国康复理论与实践，2018，24（11）：1252-1256.